VIOLENCIA MASCULINA
EN LA PAREJA

Jorge Corsi
Mónica Liliana Dohmen, Miguel Ángel Sotés
con un aporte de Luis Bonino Méndez

VIOLENCIA MASCULINA
EN LA PAREJA
Una aproximación al diagnóstico y a
los modelos de intervención

PAIDÓS

Buenos Aires - Barcelona - México

Cubierta de Gustavo Macri

1a. edición, 1995
1a. reimpresión, 1999
2a. reimpresión, 2002

© 1995 de todas las ediciones
   Editorial Paidós SAICF
   Defensa 599, Buenos Aires
   e-mail: literaria@editorialpaidos.com.ar
   Ediciones Paidós Ibérica SA
   Mariano Cubí 92, Barcelona
   Editorial Paidós Mexicana SA
   Rubén Darío 118, México D.F.

Queda hecho el depósito que previene la Ley 11.723
Impreso en la Argentina - Printed in Argentina

Impreso en Gráfica MPS
Santiago del Estero 338, Lanús, en enero de 2002
Tirada: 1500 ejemplares

ISBN 950-12-3151-8

ÍNDICE

TERCERA PARTE
Un modelo de intervención grupal con hombres que ejercen
la violencia en el contexto doméstico

PRESENTACIÓN

En los últimos veinticinco años, los estudios llevados a cabo en el campo de la Violencia Doméstica se nutrieron principalmente de los datos proporcionados por las víctimas, en su enorme mayoría mujeres. El acceso, por parte de los investigadores, a los hombres que ejercen violencia en el ámbito doméstico fue posterior. Muchos mitos cayeron cuando esto sucedió: hubo que revisar creencias y teorías. Los hombres con los que se encontraron no respondían al estereotipo construido por el imaginario colectivo y sustentado por algunos modelos teóricos. Los hombres violentos no eran los "pobres, borrachos y enfermos", sino que se los encontraba en cualquier sector social y educativo, podían o no ser bebedores de alcohol y sus diagnósticos psicopatológicos no revelaban un porcentaje de patologías psíquicas superior al que se puede encontrar en la población en general.

Los primeros estudios específicos sobre los hombres que ejercen violencia en el contexto doméstico se realizaron en los países anglosajones. Simultáneamente, los programas de Estudios de Género fueron incorporando el capítulo de los estudios acerca de la Condición Masculina.

En los países hispanoparlantes se ha generado un creciente interés, especialmente en los últimos diez años, por la problemática específica del género masculino, dentro de la cual el tema de la violencia resulta ineludible. Así, se han ido conformando colectivos y grupos de reflexión sobre la condición masculina, por una parte, y equipos técnicos para diseñar intervenciones específicas sobre el problema de la violencia de género, por otra.

Un factor decisivo para el acceso de los investigadores y clínicos a los hombres violentos fue el comienzo de los cambios en las legislaciones de los diversos países que sancionaron leyes sobre Violencia Doméstica. En tales leyes, habitualmente se indica la obligación de concurrir a un programa de rehabilitación para los hombres que han abusado física, emocional o sexualmente de sus compañeras. Esto permitió un considerable incremento en el número de casos que se pudieron estudiar, posibilitando, al mismo tiempo, un progresivo ajuste en los métodos y los procedimientos empleados para la intervención psicosocial.

El presente libro recoge la experiencia acumulada en los últimos años, y se nutre de los Estudios sobre la Condición Masculina, por una parte, y de la abundante producción teórica y práctica en el campo de la Violencia Doméstica, por la otra.

En la República Argentina trabajamos en este campo desde 1984 y hemos seguido un camino con avances y retrocesos. Entre los primeros, se encuentra la fundación, en 1989, de la Carrera de Especialización en Violencia Familiar, en la Facultad de Psicología de la Universidad de Buenos Aires. La introducción del tema en el ámbito académico contribuyó a la reconversión de recursos profesionales e, indirectamente, al incremento de la conciencia comunitaria sobre la gravedad y la extensión de este problema social.

En 1994, la Editorial Paidós publicó *Violencia familiar. Una mirada interdisciplinaria sobre un grave problema social*, que recoge los aportes realizados en nuestro medio para la conceptualización de esta problemática.

El trabajo con hombres violentos comenzó como consecuencia del desarrollo de los programas de intervención psicosocial en el campo de la Violencia Doméstica. Después de algunos años de experiencia, estamos en condiciones de compartir con lectores y lectoras el producto de ese trabajo (siempre abierto, por otra parte, a la revisión y a la búsqueda de una especificidad cada vez mayor).

Si bien en la República Argentina desempeñé el difícil papel de abrir el camino para el trabajo con hombres abusivos en el ámbito doméstico, tuve la suerte de encontrar algunos apoyos muy valiosos, que quiero destacar, valorar y agradecer:

• A dos personas que no conozco, Daniel Jay Sonkin y Michael

Durphy, porque la lectura de *Learning to live without violence*, publicado en 1982, me abrió un nuevo espacio de trabajo e investigación.

• Al Departamento Cultural de la Embajada de Canadá, que facilitó mi viaje y estadía en ese país para estudiar los programas de intervención con hombres violentos.

• A los profesionales y las instituciones canadienses, que pusieron a mi disposición su experiencia y su valiosa documentación; en especial a David Currie, Gilles Rondeau y al National Clearinghouse on Family Violence.

• A la memoria de la doctora Ana Giller, quien siendo directora del Hospital de Emergencias Psiquiátricas "Torcuato de Alvear", posibilitó que ése fuera el primer espacio institucional donde se formó el primer grupo para hombres violentos.

• A la licenciada Viviana Bendersky, que facilitó y apoyó la creación de un Servicio de Asistencia a Hombres Violentos, dentro del Programa de Violencia Familiar de la Municipalidad de la Ciudad de Buenos Aires.

• A quienes en distintos períodos han formado parte del equipo profesional para la asistencia a hombres violentos, sin cuya colaboración la tarea hubiera sido imposible: Silvia Suárez Loto, Patricia Paggi, Miguel Ángel Sotés, Gabriel Darío Kogan, Mario Payarola, María José Curbello, Cristina Oundjian.

• A las integrantes del Centro de Salud "Dra. Julieta Lanteri", que abrieron un espacio en su institución para permitir la continuidad de la tarea con grupos de hombres.

• A mis colegas latinoamericanos que en Chile, Uruguay, México, Puerto Rico y Nicaragua han sido interlocutores que enriquecieron mi comprensión sobre el problema.

• Al doctor Luis Bonino Méndez, que en Madrid ha ido siguiendo nuestro trabajo y que, desde el Centro de Estudios de la Condición Masculina, ha escrito artículos que alimentaron nuestro intercambio, uno de los cuales forma parte de este libro.

• Finalmente, a los cientos de hombres que han participado en nuestros grupos, por la valentía de reconocer su responsabilidad y por permitirnos ayudarlos.

JORGE CORSI

LOS AUTORES

Jorge Corsi. Licenciado en Psicología (UBA). Director de la Carrera de Especialización en Violencia Familiar (UBA). Profesor titular de Psicoterapias Breves, Facultad de Psicología (UBA). Coordinador del Servicio de Asistencia a Hombres (Programa de Prevención y Asistencia de la Violencia Familiar, Municipalidad de la Ciudad de Buenos Aires).

Mónica Liliana Dohmen. Licenciada en Psicología (UBA). Especialista en Violencia Familiar (UBA). Docente de la Carrera de Especialización en Violencia Familiar, Facultad de Psicología (UBA).

Miguel Ángel Sotés. Doctor en Servicio Social. Especializado en Violencia Familiar. Integrante del Servicio de Asistencia a Hombres (Programa de Prevención y Asistencia de la Violencia Familiar, Municipalidad de la Ciudad de Buenos Aires).

Luis Bonino Méndez. Médico psicoterapeuta. Director del Centro de Estudios de la Condición Masculina (Madrid, España). Miembro de la International Association for Studies of Men.

PRIMERA PARTE

EL VARÓN VIOLENTO

Capítulo I

INTRODUCCIÓN

Jorge Corsi

Discutir el grave problema de la violencia intrafamiliar requiere de algunas *definiciones básicas* [1] preliminares, que permitan dar cuenta del fenómeno desde las perspectivas cultural, social, institucional e interpersonal.

La raíz etimológica del término *violencia* remite al concepto de *fuerza*, y se corresponde con verbos tales como *violentar, violar, forzar*.

A partir de esta primera aproximación semántica podemos decir que la violencia implica siempre el uso de la fuerza para producir un daño. En un sentido amplio, puede hablarse de violencia política, de violencia económica, de violencia social, etcétera. En todos los casos, el uso de la fuerza nos remite al concepto de *poder*.

En sus múltiples manifestaciones, la violencia siempre es una forma de ejercicio del poder mediante el empleo de la fuerza (ya sea física, psicológica, económica, política...) e implica la existencia de un "arriba" y un "abajo", reales o simbólicos, que adoptan habitualmente la forma de roles complementarios: padre-hijo, hombre-mujer, maestro-alumno, patrón-empleado, joven-viejo, etcétera.

En un sentido restringido, podemos focalizar nuestra observación en las *conductas violentas* cuando nos ubicamos en el nivel de las acciones individuales. El empleo de la fuerza se constituye, así, en un método posible para resolver conflictos interpersonales, como un intento de

---

1. Las definiciones básicas utilizadas en este trabajo han sido extraídas de Corsi, J. (comp.), *Violencia familiar*, 1994a.

doblegar la voluntad del otro, de anularlo precisamente en su calidad de "otro". La violencia implica una búsqueda de eliminar los obstáculos que se oponen al propio ejercicio del poder, mediante el control de la relación obtenido a través del uso de la fuerza. Para que la conducta violenta sea posible tiene que darse una condición: la existencia de un cierto *desequilibrio de poder*, que puede estar definido culturalmente o por el contexto u obtenido mediante maniobras interpersonales de control de la relación.

El desequilibrio de poder puede ser permanente o momentáneo. En el primer caso, la relación está claramente establecida por normas culturales, institucionales, contractuales, etcétera; en el segundo caso, se debe a contingencias ocasionales.

La conducta violenta, entendida como el uso de la fuerza para resolver conflictos interpersonales, se hace posible en un contexto de desequilibrio de poder, permanente o momentáneo.

En el ámbito de las relaciones interpersonales, la conducta violenta es sinónimo de *abuso de poder*, en tanto y en cuanto el poder sea utilizado para ocasionar *daño* a otra persona. Es por eso que el vínculo entre dos personas caracterizado por el ejercicio de la violencia de una de ellas hacia la otra se denomina *relación de abuso*.

Consideramos a la violencia como una situación en la que una persona con más poder abusa de otra con menos poder: la violencia tiende a prevalecer en el marco de relaciones en las que existe la mayor diferencia de poder. Los dos ejes de desequilibrio de poder dentro de la familia están dados por el *género* y por la *edad*, como veremos más adelante.

El término "violencia doméstica" alude a todas las formas de *abuso* que tienen lugar en las relaciones entre quienes sostienen o han sostenido un vínculo afectivo relativamente estable. Se denomina *relación de abuso* aquella forma de interacción que, enmarcada en un contexto de desequilibrio de poder, incluye conductas de una de las partes que, por *acción* o por *omisión*, ocasionan daño *físico y/o psicológico* al otro miembro de la relación.

La investigación epidemiológica acerca del problema de la violencia doméstica ha demostrado que existen dos variables, decisivas a la hora de establecer la distribución del poder y, por lo tanto, determinar la dirección que adopta la conducta violenta y quiénes son las víctimas más frecuentes del daño que ocasiona. De acuerdo con las dos variables antes citadas –*género* y *edad*–, los grupos de riesgo de sufrir violencia en contextos privados son las mujeres y los niños, definidos culturalmente como los sectores con menos poder. Dicha investigación también subraya que las cifras estadísticas son elocuentes en el sentido de señalar al adulto masculino como quien más frecuentemente ejerce las distintas formas del abuso (físico, sexual o emocional).

Más allá del frío dato estadístico, se abre un interrogante acerca de los determinantes de dicho fenómeno. Muchas teorías explicativas se apoyaron en argumentos de tipo biológico o cuasi biológico para caracterizar al hombre como genéticamente dotado de un mayor monto de agresividad. Similares argumentos se utilizaron para dar cuenta de las diferencias de funcionamiento sexual masculino y femenino.

Dado que esta perspectiva reduccionista ha sido ampliamente refutada por diversos autores, partiremos de un modelo teórico que considera que las distintas formas de la agresividad y de la sexualidad humanas son construcciones de orden psicosocial.

El fenómeno de la violencia masculina dentro de la familia ha sido abordado desde diferentes perspectivas teóricas. Hasta hace algunos años, la mayoría de ellas se encontraban atravesadas por algunos mitos que dificultaban su comprensión. Dichos mitos tendían a ubicar la violencia doméstica como secundaria a trastornos psicopatológicos individuales, al uso de alcohol o de drogas, o a factores económicos y educativos. Varias fueron las consecuencias de sostener este estereotipo del hombre violento como un enfermo, un alcohólico o un depravado; entre otras, el retraso en considerar la especificidad del problema y, por lo tanto, en planificar estrategias de asistencia y de prevención.

Las investigaciones llevadas a cabo en los últimos años en países tales como Canadá, Estados Unidos, España, México y la Argentina, además de desmentir los prejuicios teóricos antes señalados, contribuyeron a delimitar la problemática de los hombres que establecen relaciones intrafamiliares de forma abusiva. La identificación de variables causales asociadas al fenómeno permitió afirmar que las formas violentas de relación son el producto de identificaciones con un modelo familiar y

social que las acepta como procedimientos viables para resolver conflictos.

En lo que respecta al microsistema, se ha podido comprobar que un
alto porcentaje de hombres golpeadores han sido víctimas o testigos
infantiles de violencia en sus familias de origen.

Si consideramos el macrosistema, podemos decir que estos hombres
han incorporado, en su proceso de socialización de género, un conjunto
de creencias, valores y actitudes que, en su configuración más
estereotipada, delimitan la denominada "mística masculina": restricción emocional, homofobia, modelos de control, poder y competencia,
obsesión por los logros y el éxito, etcétera.

La incorporación de este modelo tradicional se opera a través de los
mecanismos de aprendizaje social vehiculizados por la familia, las instituciones educativas y recreativas, los medios de comunicación masiva y
las distintas formas simbólicas de acceso a la cultura.

El modelo masculino tradicional

Existe una imagen de "lo masculino" que ha sido transmitida de
generación en generación, y que raramente se somete a una reflexión
crítica. Desde la temprana infancia se aprende que un "verdadero
hombre" tiene que mostrarse fuerte, seguro de sí mismo, competitivo,
ganador (en definitiva, una imagen cercana a la omnipotencia). Ese
modelo de masculinidad también incluye prohibiciones: no llorar, no
mostrarse débil, temeroso o inseguro, no fracasar... y podríamos seguir
enumerando una larga lista.

Tal vez la forma como se ha visualizado con mayor claridad este
prototipo masculino tradicional es a través de su caricatura: la imagen del
"macho" (no sólo en las culturas latinas sino también en las anglo-
sajonas).

La característica sobresaliente de este modelo es el hecho de estar
constituido por rasgos "exteriores". En efecto, todos los mandatos (lo
prescrito o lo prohibido) se refieren al *hacer*, al *mostrar*, al *ocultar*, al
lograr, etcétera. No parece tener mucha importancia la interioridad del
hombre, aquella esfera que tiene que ver con sus sentimientos, sus

emociones, sus necesidades... (como si todos estos aspectos fueran lo suficientemente "femeninos" como para no resultar relevantes en un listado de características referidas al hombre).

La identidad masculina tradicional se construye sobre la base de dos procesos psicológicos simultáneos y complementarios: el hiperdesarrollo del yo exterior (hacer, lograr, actuar) y la represión de la esfera emocional. Para poder mantener el equilibrio de ambos procesos, el hombre necesita ejercer un permanente autocontrol para regular la exteriorización de sentimientos tales como el dolor, la tristeza, el placer, el temor, el amor..., como una forma de preservar su identidad masculina.

En una entrevista, Sergio (25 años) relataba un episodio de hacía unos años. Unos amigos lo habían invitado a ir con ellos a un barrio suburbano de características sórdidas, en busca de una prostituta:

"En realidad yo no quería ir, pero no les podía decir que no, porque iban a pensar que yo no era hombre. Cuando llegamos al barrio a mí me temblaban las piernas, pero para disimular les hacía bromas a los otros. Si me hubiera guiado por lo que sentía en ese momento, tendría que haber vuelto a casa, pero no podía; tenía que seguir adelante, y que los otros no se dieran cuenta... Cuando llegamos a la casa me dio un poco de asco porque estaba todo bastante mugriento; no me daban ganas de hacer nada, pero me hacía el canchero y por suerte todo salió bien".

Ésta es una experiencia conocida por muchos hombres: la consigna es mantener la imagen a cualquier precio. Sergio tuvo que reprimir la expresión de sus deseos, de sus miedos, de su asco, y "actuar" como el libreto se lo indicaba.

Al mismo tiempo, esta anécdota permite ver con claridad la importancia que tiene, para el mantenimiento de la imagen masculina tradicional, la mirada de los otros.

Las palabras finales de Sergio, "todo salió bien", se hallan en relación con las imaginarias expectativas de los otros, porque desde el punto de vista de su experiencia subjetiva en realidad "todo salió mal". Es como si el hombre debiera estar permanentemente ofreciendo pruebas de su masculinidad ante un tribunal examinador constituido por todos aquellos que están más allá de las fronteras de su núcleo familiar más íntimo.

En el siguiente apartado tendremos oportunidad de relacionar este hecho con lo que constituye el centro mismo de la mística masculina: el miedo a la feminidad.

El modelo masculino tradicional se apoya en dos elementos esenciales que configuran un verdadero perfil psicológico:

• *Restricción emocional*: Consiste básicamente en no hablar acerca de los propios sentimientos, especialmente con otros hombres. Las necesidades emocionales de los hombres existen, pero parece que su expresión estuviera "prohibida" o reducida a algunos estereotipos. Es común ver cómo algunos hombres rehúyen la intimidad, se niegan a hablar de sus afectos y a pedir ayuda.

• *Obsesión por los logros y el éxito*: La socialización masculina se apoya en el mito del "ganador". Esto implica estar en un permanente estado de alerta y competencia. Para demostrar seguridad en esa carrera, es preciso ejercer un efectivo autocontrol represivo que regule la exteriorización de dolor, tristeza, placer, temor, etcétera (sentimientos generalmente asociados con debilidad).

Estas dos características básicas se traducen en un estilo de relación con el mundo caracterizado por:

– conducta afectiva y sexual restringida,
– actitudes basadas en modelos de control, poder y competencia,
– dificultades para el cuidado de la salud.

En el marco de una sociedad patriarcal, el varón se ve impulsado a construir su identidad por la negativa, evitando todo lo que es culturalmente definido como "femenino". El miedo a la feminidad pasa a ser el eje alrededor del cual se va estructurando lo masculino.

A partir de ese eje, podríamos rastrear una docena de mitos y creencias que dan sustento a la socialización masculina:

1. La masculinidad en la forma más valorada de la identidad genérica.
2. El poder, la dominación, la competencia y el control son esenciales como prueba de masculinidad.

3. La vulnerabilidad, los sentimientos y las emociones en el hombre son signos de feminidad, y deben ser evitados.

4. El autocontrol y el control sobre los otros y sobre su entorno son esenciales para que el hombre se sienta seguro.

5. Un hombre que pide ayuda o trata de apoyarse en otros muestra signos de debilidad, vulnerabilidad e incompetencia.

6. El pensamiento racional y lógico del hombre es la forma superior de inteligencia para enfocar cualquier problema.

7. Las relaciones interpersonales que se basen en emociones, sentimientos, intuiciones y contacto físico son consideradas femeninas, y deben ser evitadas.

8. El éxito masculino en las relaciones con las mujeres está asociado a la subordinación de la mujer a través del uso del poder y el control de la relación.

9. La sexualidad es el principal medio para probar la masculinidad; la sensualidad y la ternura son consideradas femeninas y deben ser evitadas.

10. La intimidad con otros hombres debe ser evitada, porque: a) lo vuelve a uno vulnerable y lo pone en desventaja en la competencia por las mujeres; b) puede implicar afeminamiento y homosexualidad.

11. El éxito masculino en el trabajo y la profesión son indicadores de su masculinidad.

12. La autoestima se apoya primariamente en los logros y los éxitos obtenidos en la vida laboral y económica.

Como se puede ver, esta red de creencias se convierte en una verdadera trampa que impide reflexionar acerca de las desventajas de sostener el modelo masculino tradicional. La fuerza de los mitos culturales hace que la mayoría de los hombres jamás cuestione alguno de estos principios a lo largo de su vida. Sin embargo, las aparentes "ventajas" de este modelo han comenzado a ser cuestionadas.

El modelo masculino tradicional es peligroso para la salud

Las estadísticas muestran que la expectativa de vida es menor para los hombres, y que es el género masculino el que encabeza los porcentajes de muerte por accidentes, trastornos cardiovasculares, cáncer y úlcera gastroduodenal. Estas cifras probablemente no estén asociadas a factores hormonales, sino a las características del desempeño del rol masculino tradicional:

a) La agresividad y la competitividad llevan a los varones a involucrarse en situaciones potencialmente peligrosas; la idea de que el hombre debe ser valiente y arriesgado, que no debe tener miedo frente al peligro, es la causa de un gran número de accidentes, muchos de ellos fatales o invalidantes.

b) La inexpresividad emocional contribuye a generar trastornos psicosomáticos y otros problemas de salud. Es un hecho comprobado que la represión de determinadas emociones se encuentra asociada a cuadros psicosomáticos, especialmente en las áreas cardiovascular y gastrointestinal. La rigidez inexpresiva prescrita por el modelo masculino tradicional contribuye a incrementar el riesgo.

c) Asumir los roles tradicionales de "sostén y jefe del hogar" genera un grado de exigencia muchas veces difícil de cumplir, lo que deriva en grados variables de estrés psicológico, que constituye uno de los principales factores de riesgo de una serie de enfermedades.

d) El rol masculino tradicional promueve determinadas conductas nocivas para la salud, especialmente alentadas por el grupo de pares (por ejemplo, beber y fumar en exceso).

e) Las características del rol masculino tradicional hacen que a los hombres les resulte difícil solicitar ayuda médica y cuidar su salud. Muchas veces llegan a la consulta médica con cuadros avanzados e irreversibles debidos a una pertinaz negativa a solicitar ayuda en los estadios anteriores de la enfermedad. Pareciera que el pedido de ayuda está asociado al hecho de mostrar debilidad frente a los otros.

f) La dificultad para pedir ayuda se incrementa cuando se trata de un tratamiento psicológico. La aversión casi lindante con el miedo que tienen muchos hombres a realizar una consulta psicológica está casi siempre apoyada en la idea de que ellos deben ser capaces de resolver por sí mismos sus problemas. Además, la índole de los tratamientos psicológicos los coloca frente a la necesidad de hablar de sí mismos y de sus sentimientos, tarea para la cual se sienten imposibilitados.

Capítulo 2

LA CONSTRUCCIÓN DE LA IDENTIDAD MASCULINA

Jorge Corsi

En su excelente trabajo sobre la identidad masculina, Badinter (1993) señala que, a diferencia de la mujer que *es*, el hombre ha de *hacerse*. La identidad masculina se construye por oposición, por un proceso de diferenciación de lo femenino, lo cual hace que podamos entender, en líneas generales, *la masculinidad* como una reacción, más que como el resultado de un proceso de identificación.

En efecto, el vínculo primario madre-hijo en el contexto de la sociedad industrial y patriarcal en la que vivimos se vuelve excluyente, al punto de que una recorrida por los libros de psicología evolutiva nos permite comprobar que la enorme mayoría de los autores se detiene a analizar casi exclusivamente las características del vínculo materno-filial e ignora casi por completo la figura del padre, a quien le adjudican un papel regulador en momentos posteriores del desarrollo evolutivo del niño.

Dado que el vínculo primario del varón es con una mujer (su madre), el proceso psicológico según el cual se construye la identidad masculina necesariamente deberá girar alrededor del eje de separación-diferenciación. Para llegar a ser varón deberá realizar un largo trabajo de represión de las identificaciones femeninas iniciales y demostrar al mundo androcéntrico y homofóbico que él no se parece a una mujer ni a un homosexual.

Tal vez sea éste el momento adecuado para introducir una distinción entre tres conceptos que suelen confundirse o superponerse: *identidad de género, identidad sexual* y *orientación sexual*.

La identidad, entendida como el modo de identificar el propio sí-mismo y el de los otros, es un constructo teórico que permite comprender una serie de modalidades cognitivas, afectivas, comportamentales y vinculares que son propias de una persona y la diferencian de las demás.

Por otra parte, los conceptos de *sexo* y *género* han sido ampliamente discutidos en la bibliografía reciente, razón por la cual no me detendré aquí en su desarrollo. Baste recordar, como lo señala Bonder (1993), que el *sexo* alude a las diferencias biológicas entre el macho y la hembra de la especie. Se trata de características naturales e inmodificables. En cambio, el *género* remite a los rasgos y a las funciones psicológicas y socioculturales que se le atribuyen a cada sexo (y son, por lo tanto, modificables).

La *identidad sexual,* entonces, es la identificación del sí-mismo como perteneciente al sexo masculino o al femenino, morfológica, anatómica y fisiológicamente.

En cambio, la *identidad de género* implica la identificación con los valores y los atributos culturales adjudicados, en un contexto histórico-geográfico determinado, a la masculinidad o a la feminidad.

Existe un tercer concepto que es conveniente diferenciar de los anteriores: el de *orientación sexual,* que alude a la orientación del deseo sexual, y que ha sido esquemáticamente dividida en tres categorías: homo, hétero y bisexualidad.

La creencia popular de que la identidad de género determina la orientación sexual da lugar a enormes esfuerzos por parte de los adultos por reforzar los atributos culturales del género en sus hijos (sobre todo en los varones), como un modo de "prevenir" la tan temida orientación homosexual (temor especialmente presente en los padres, más que en las madres). La *homofobia,* rasgo central de la identidad de género masculino, desempeña un papel muy importante en la relación padre-hijo. Entendida como el temor a la homosexualidad, pero también a parecer homosexual o a tener contactos afectivos y corporales con otro hombre, modela el tipo de vínculo afectivo y corporal entre el padre y su hijo varón. Los padres no acarician ni miman a sus hijos varones del mismo modo que a sus hijas mujeres. Mantienen con ellos mayor distancia y una cierta brusquedad en el contacto corporal y en las actividades compartidas, que sólo pueden comprenderse si consideramos la existencia de los mencionados temores homofóbicos.

Badinter (1993) señala que la homofobia puede considerarse un mecanismo de defensa psíquico que sirve para reforzar, en muchos hombres, su frágil heterosexualidad.

La sociedad patriarcal impone una figura paterna caracterizada por parámetros tales como "ley", "autoridad" y "distancia", lo cual determina la figura de lo que el psicólogo canadiense Guy Corneau (1989) denominó *padre faltante*, concepto más abarcativo que el de "padre ausente"; es decir que el padre puede estar físicamente presente, pero su modalidad de contacto no incluye el intercambio corporal y afectivo que, en cambio, sí caracteriza la relación del hijo con la madre.

De acuerdo con un enfoque ecológico,[2] el proceso de construcción de la identidad masculina es un complejo entramado de factores macro, exo y microsistémicos, que dan como resultado las modalidades cognitivas, afectivas, comportamentales e interaccionales descritas más arriba, como características de los varones en nuestra cultura.

1 . Desde el *macrosistema*, necesitamos considerar los valores que, en nuestro contexto cultural, delimitan el estereotipo de género masculino y los lugares relativos del varón y de la mujer en la sociedad. En una cultura que consagra la primacía masculina, la búsqueda de un lugar de dominio se transforma en la esencia del sentimiento de identidad masculina. A través de sus diferentes canales, los mandatos culturales se hacen sentir tempranamente, con el mensaje de que no es suficiente haber nacido con un pene para ser un verdadero "hombre". Tales mandatos comportan tanto prescripciones como prohibiciones (la más fuerte de las cuales es "no parecerse a una mujer"). A ello debemos agregarles las prescripciones culturales acerca de los roles paterno y materno, que adjudican una "división de tareas" estereotipada e injusta, a la cual hay que ajustarse.

2 . Desde el *exosistema*, las características de la sociedad industrial contemporánea implican la exigencia creciente en lo que respecta al mundo del trabajo y, al mismo tiempo, una mayor oferta de actividades

---

2. Para una descripción pormenorizada del modelo ecológico aplicado al campo de la violencia familiar, véase Corsi, J. (comp., 1994a).

alternativas al contacto interhumano (como los juegos electrónicos, la TV, las computadoras, etcétera). Especialmente en las ciudades, el padre está cada vez menos tiempo con sus hijos y cuando la madre logra desembarazarse de los lugares estereotípicos del ama de casa, el cuidado de los hijos queda, de todos modos, en manos de otra mujer, ya sea la abuela, la niñera o la maestra. Las instituciones educativas incrementan su oferta de actividades de tiempo completo (incluyendo, muchas veces, el período de receso escolar), y los medios de comunicación generan permanentemente "héroes" cada vez más poderosos, mecánicos y desafectivizados.

3 . Desde el *microsistema* el tipo de interacción familiar está modelado por los factores macro y exosistémicos antes esbozados. Desde el punto de vista de la construcción de la identidad masculina, un elemento esencial para tener en cuenta es el fenómeno de la ausencia del afecto paterno. El padre lejano, ausente, faltante, distante, implica para el hijo varón el único modelo posible para diferenciarse de lo femenino materno. Por lo tanto, incorporará a su repertorio conductual la restricción emocional, como un modo de diferenciarse de lo femenino y parecerse a lo masculino. Distancia corporal, inexpresividad, aparente ausencia de sentimientos tiernos, todos son atributos que tienden a incrementar su sensación de pertenencia al género masculino.

Cuando analizamos el fenómeno, resulta muy importante considerar simultáneamente los aspectos micro, exo y macrosistémicos, ya que cualquier cambio que propongamos deberá tener en cuenta los elementos provenientes de cada uno de esos niveles. Como ejemplo propongo reflexionar sobre el hecho de que a partir del movimiento generado alrededor de los denominados *Men Studies*, o Estudios de la Condición Masculina (Kimmel, 1986), en algunos países han comenzado a reunirse grupos de hombres que intentan recuperar sus aspectos "femeninos" disociados, en busca de la integración. Los testimonios de quienes han participado en tales grupos muestran a las claras que todavía son experiencias reducidas, y que los hombres que logran recuperar sus potencialidades andróginas deben enfrentar la presión social que les exige una vuelta a la imagen estereotipada del varón tradicional. Muchos hombres ocultan ante sus amigos y ante otros hombres sus nuevas experiencias como amantes tiernos o padres sensibles, por temor a las burlas y a la descalificación. A pesar de este incipiente movimiento, las nuevas generaciones se siguen educando con el modelo masculino tradicional, ya que la estructura de la sociedad patriarcal ha permanecido intacta.

El hombre "duro" y el hombre "inmaduro"

Si nos ubicamos en el nivel del análisis psicológico y retomamos la noción antes apuntada de que el varón construye su identidad masculina mediante un proceso de separación-diferenciación de los valores femeninos representados por la madre (con los que estuvo en el más estrecho contacto desde su nacimiento), podremos analizar algunas de las vicisitudes que sufre dicho proceso.

Desde la biología y desde la psicología, numerosos autores (entre ellos, Freud y Jung) han señalado la "bisexualidad" constitucional del ser humano, es decir la coexistencia de atributos de los dos sexos, algunos de los cuales deben ser reprimidos mediante el proceso de culturalización. En realidad, a la luz de los más modernos estudios de género, no se trataría de "bisexualidad" sino de un estado de "androginia"[3] inicial; esto es, la disponibilidad potencial en cada ser humano, independientemente de su sexo biológico, de los rasgos atribuidos culturalmente a uno y otro género. Para intentar explicarlo mediante un ejemplo, tomemos la atribución cultural que asigna a lo femenino los rasgos de *pasividad-receptividad*, y a lo masculino, los rasgos de *actividad-agresividad*. La cualidad andrógina estaría dada por la posibilidad de que un ser humano, en determinados momentos, pudiera ser pasivo y receptivo, y en otros pudiera recurrir a sus componentes activos y agresivos. La conducta de cualquier bebé (sea varón o mujer) muestra a las claras esa androginia inicial. La observación de ese mismo niño o niña, años más tarde, nos podrá graficar el proceso de represión de uno de los componentes, a expensas de la exacerbación del otro. Los autores que deno-

---

3. Del griego *andros* (hombre) y *gyné* (mujer).

minaron "bisexualidad" a este estado también se acercaron, aunque tangencialmente, a una definición de "salud", "equilibrio" y "armonía" psíquicos cuyo indicador sería el mayor o menor grado de integración, en la personalidad, de los aspectos "masculinos" y "femeninos" (el *anima* y el *animus*, según la terminología jungiana).

De este modo, la integración inicial de los aspectos masculinos y femeninos deja paso a la disociación posterior, apoyada en los factores macro, exo y microsistémicos antes esbozados. Una nueva mirada transforma la integración en una meta a lograr para alcanzar la madurez emocional.

En la mayoría de los casos, el proceso de diferenciación de lo femenino lleva al varón a utilizar una serie de mecanismos que sirvan al objetivo de desprenderse del modelo materno con el que ha convivido íntimamente en los primeros tramos de la vida.

Cuanto más librado a su suerte por la ausencia o la lejanía del padre, más extremos deberán ser los mecanismos utilizados para conseguir ese objetivo. De la gama de posibilidades subrayaremos dos, por la importancia que tienen para el tema de este trabajo. En realidad, se trata de dos modos fallidos de separarse de la madre, en tanto representante de lo femenino, que darán lugar a dos tipos de hombre: el hombre "duro" y el hombre "inmaduro".

1. El hombre "duro"

En el primer caso, la diferenciación se logra por medio de la oposición brusca y terminante, con sus componentes de odio y rechazo a todo lo relacionado con lo femenino. Para poder separarse, anula todo afecto positivo y lo transforma en desprecio. En el vínculo, se invierte la relación de poder: de ser el niño dependiente de la madre pasa a ser el macho dominante de la mujer, a la que percibe como inferior. Por lo tanto, la represión de sus propios aspectos femeninos es radical y la homofobia alcanza un grado superlativo.

El hombre "duro" resultante de este fallido intento de diferenciarse de lo femenino exhibirá un repertorio de conductas estereotipadas; el trabajo de represión de las emociones y sentimientos percibidos como femeninos provocará una sobrecarga permanente de su actividad psíquica. La evitación de la intimidad y la búsqueda de estímulos externos le impiden experimentar placer, al que reemplaza por la satisfacción frente a los logros que demuestren su potencia y su autoridad. La necesidad permanente de afirmar su poder lo lleva muchas veces a usar la violencia como modo de resolver conflictos.

La esfera laboral suele transformarse en el eje de su vida, ya que tiene la ventaja de que no le exige poner en juego su interioridad. En la esfera privada, suele poner distancia con su mujer y sus hijos, de modo de ocupar el lugar del que dirige, ordena, legisla, sanciona, a salvo de las miradas que puedan poner en evidencia sus aspectos más débiles.

Estos hombres suelen elegir, para formar vínculos estables, a mujeres que han sido socializadas de acuerdo con los valores tradicionales de la feminidad y básicamente educadas para ocupar roles sumisos (a su vez, estas mujeres perciben a los hombres "duros" como protectores, fuertes, sólidos, y buscan en ellos la seguridad que no han podido construir desde sí mismas).

En realidad, la supuesta ruptura con lo femenino lograda de este modo enmascara la continuidad de dependencia, ya que estos hombres no pueden prescindir de un otro femenino con el cual ejercer su rol dominante. No puede ser hombre sin oponerse a una mujer; como sus propios aspectos femeninos están brutalmente reprimidos, la ausencia de la mujer depositaria de esos aspectos lo convierte en un ser mutilado.

2 . *El hombre "inmaduro"*

La segunda forma fallida de diferenciarse de lo femenino para construir la identidad masculina es opuesta a la anterior. Si el hombre "duro" generaba una ruptura absoluta, este otro tipo de hombre renuncia a romper con el vínculo materno y manifiesta lo que Kiley (1985) definió como "síndrome de Peter Pan".

Así como los hombres "duros" ejercen el poder "desde arriba", los hombres "inmaduros" lo hacen "desde abajo": el poder tiránico del niño caprichoso que espera que sus necesidades sean satisfechas de inmediato. Sin capacidad de tolerancia a la frustración ni a la espera, estos hombres esperan que las mujeres se pongan a su servicio. Para lograrlo, ponen en marcha sus mecanismos de seducción, mediante los cuales suelen entablar vínculos afectivos con relativa facilidad. La dificultad mayor para estos hombres es sostener una relación estable y duradera, ya que esto implica compromisos y responsabilidades que no están dispuestos a asumir.

Suelen proyectar una imagen sensible y desvalida, lo cual hace que sus vínculos afectivos se establezcan a menudo con mujeres del tipo "maternal", que perciben en ellos necesidad de protección y afecto. En realidad, necesitan mujeres serviciales que atiendan sus necesidades y que estén siempre pendientes de ellos.

Desde un lugar opuesto al del hombre "duro", estos hombres también pueden recurrir a la violencia cuando las cosas no ocurren de acuerdo con sus deseos, o cuando la mujer frustra alguna de sus expectativas.

Saunders (1992), coincidentemente, ha clasificado a los hombres que ejercen violencia en el contexto doméstico en dos tipos: los *dominantes* y los *dependientes*, cuyas respectivas descripciones se corresponden, aproximadamente, con los tipos que acabamos de esbozar.

De acuerdo con los resultados de su investigación, Saunders señala que los hombres que corresponden al primer tipo son más frecuentemente agresivos en los contextos doméstico y externo, mientras quienes pertenecen al segundo tipo tienden a ejercer violencia sólo en el ámbito doméstico.

Capítulo 3

MASCULINIDAD Y VIOLENCIA

Jorge Corsi

Los conceptos de masculinidad y violencia, frecuentemente asociados, han generado la imagen social del varón violento como algo "natural", apoyada en observaciones "confirmatorias", tales como *"los varones se sienten más atraídos por los juegos violentos que las niñas"*. Las investigaciones diseñadas para medir estas diferencias parecen confirmar, como señala Nicholson (1987), que los chicos resultan más agresivos que las chicas; parece, en efecto, que los chicos piensan de manera más agresiva que las chicas, además de tener una imagen más agresiva de sí mismos.

Autores como Konrad Lorenz, Niko Tinbergen o Desmond Morris han defendido la tesis de la agresividad innata, pues consideran que forma parte de la naturaleza humana, y la mayor presencia de conductas violentas en los machos de todas las especies ha sido explicada en relación con la división de funciones (el macho defiende el territorio, la hembra procrea y cuida las crías).

Esta idea ha sido ampliamente refutada por autores como Montagu (1978), quien sostiene que los genes, en el caso de los seres humanos, sólo aportan la potencialidad, pero es el entorno en el cual se desarrolla la persona lo que constituye el factor decisivo para alentar o desalentar la emergencia de conductas agresivas.[4]

Nicholson hace un relevamiento de las principales investigaciones

4. Para aclarar la diferencia entre "agresividad" y "violencia", véase Corsi, J. (comp., 1994a).

llevadas a cabo con el objeto de demostrar el origen biológico de las diferencias entre los sexos:

Se ha dado a entender que las zonas del hipotálamo que intervienen en la agresividad pueden ser especialmente susceptibles a la acción de las hormonas sexuales masculinas y que estas hormonas –sobre todo la testosterona– pueden de algún modo preparar esta zona del cerebro durante todo el desarrollo, de tal forma que se active más fácilmente en los hombres que en las mujeres.

También analiza alguno de los aportes que la psicología ha hecho a la explicación de las diferencias:

Las madres reprimen la agresividad tanto en los niños como en las niñas. No obstante, el padre, cuando juega con sus hijos, trata de distinta manera a los chicos y a las chicas, de una manera que puede exagerar cualquier tendencia biológica de los chicos a ser el sexo más agresivo. Se observa que el padre juega de forma más violenta con los chicos que con las chicas y que alienta a sus hijos a tolerar mayor brusquedad... Por un lado, cuando los niños se han portado mal, los chicos reciben castigos físicos el doble de veces que las chicas, a las que se suele castigar verbalmente [...] Quizá también observen que los golpes son un procedimiento eficaz que utilizan los adultos para imponer su voluntad...

Pero luego de examinar las evidencias de quienes apoyan sus explicaciones exclusivamente en factores biológicos o en factores psicológicos, llega a la conclusión de que ni la biología ni la psicología parecen capaces de explicar satisfactoriamente el problema de la dominación masculina y, por lo tanto, necesita recurrir a un punto de vista más global: el de la antropología.

A menudo se supone que si los hombres y las mujeres hacen distintas clases de trabajo y tienen categorías diferentes, es porque debe haber algunas diferencias biológicas o psicológicas inherentes a los sexos, lo que hace inevitable una división del trabajo y del poder. Los antropólogos niegan que así sea y expresan la creencia de que los dos sexos se ven separados forzadamente para responder a las necesidades de la sociedad en la que viven.

Nuevamente, llegamos al concepto de *género* como una construcción psicosocial, ya que en distintas culturas atribuyen cualidades diferentes a lo masculino. En el marco de la cultura patriarcal, el concepto de dominación masculina se encuentra íntimamente vinculado al de violencia masculina, ya que la violencia es el instrumento interpersonal más expeditivo para controlar las situaciones e imponer la voluntad. La violencia, es decir el uso de la fuerza como método para la resolución de conflictos interpersonales, es legitimada con más frecuencia cuando la emplean los varones, en función de un modelo que se apoya en la supremacía masculina.

Coherentes con el enfoque ecológico que venimos sosteniendo, nos parece importante tener en cuenta simultáneamente, entre otros, factores tales como la acción de la testosterona sobre el hipotálamo, la educación diferenciada para chicas y chicos, el proceso psicológico de construcción de la subjetividad masculina, los modelos masculinos valorizados por los medios de comunicación y la atribución del rol dominante en la sociedad, por parte de la cultura patriarcal. Esto es, no nos convence ninguna hipótesis parcial acerca de la asociación entre masculinidad y violencia, sino que insistimos en la necesidad de conservar una mirada amplia que nos muestre los factores macro, exo y microsistémicos que intervienen en su construcción.

El hombre golpeador

Históricamente, los estudios acerca de la condición femenina precedieron a los que se ocupan de la condición masculina. Del mismo modo, los investigadores que comenzaron a ocuparse del tema de la violencia familiar se conectaron más rápidamente con el problema de las mujeres golpeadas. Sólo después se hizo evidente la necesidad de empezar a enfocar la problemática correlativa: los hombres golpeadores. Por lo tanto, en la bibliografía existe menos información acerca de este tema. Los estudios científicos sobre hombres que utilizan la violencia en el contexto intrafamiliar comenzaron hacia fines de los años '70 (Roy, 1982). A medida que las investigaciones sobre el tema fueron develando la dinámica de las relaciones de abuso intrafamiliar, quedó en evidencia que los golpes físicos eran sólo una de sus manifestaciones. Por lo tanto, la denominación inicial ("hombres golpeadores") necesitó ser revisada a la luz de la descripción de las diferentes formas que adopta el abuso.[5]

No obstante, a pesar de que fueron utilizados términos tales como "hombres abusivos" u "hombres violentos", el uso hizo que en la literatura especializada se siguiera utilizando "hombres golpeadores" como la categoría identificatoria de los agentes del abuso intrafamiliar, especialmente en el campo de la violencia hacia la mujer.

Cuando hablamos de hombres golpeadores nos referimos a todos aquellos que ejercen alguna de las formas de abuso (físico, emocional o sexual) con su esposa o compañera, ocasionándole algún tipo de daño (físico, psicológico, social, económico, etcétera). Cuando un fenómeno nuevo comienza a ser estudiado, se suele recurrir a las categorías ya conocidas para tratar de explicarlo desde el primer momento. Con respecto a este tema, ha ocurrido lo mismo. Cuando los profesionales identificaron el cuadro y se interrogaron acerca del porqué de la conducta del hombre golpeador, la primera explicación a la que se llegó fue la psicopatológica, es decir aquella con la cual psicólogos, psiquiatras y otros trabajadores intelectuales habían estado familiarizados hasta ese momento. Empezaron a acercarse a la problemática del hombre golpeador considerándolo psicológicamente enfermo y, por lo tanto, intentaron definir las patologías que estaban en la base de su personalidad. Una de las definiciones más frecuentes que se dieron fue que los hombres golpeadores poseían una personalidad sádica o bien pasivo-agresiva, que eran individuos con características paranoides, personalidades *borderline*; en definitiva, encuadrables dentro de un síndrome psiquiátrico.[6]

Este tipo de extrapolaciones desde la psicopatología dio lugar a que los mitos respecto de la mujer golpeada se hicieran más consistentes, apoyados en la interpretación "profesional" del tema. Es decir, el desconocimiento de los profesionales respecto de la especificidad del

---

5. Véase Corsi, J. (comp., 1994a).

6. James Ptacek (1984), en su revisión de la literatura clínica sobre hombres que maltratan, ha discutido tres tendencias que considera inquietantes: 1) la carencia de análisis de género; 2) la culpabilización de la víctima, y 3) la psicopatologización.

problema hizo que intentaran explicarlo de una manera inadecuada. De este modo, lo que se logró fue fortalecer los mitos que señalan que la violencia conyugal es producto de una enfermedad. Esta suposición quedó totalmente desvirtuada con las investigaciones específicas, que permitieron dar un vuelco de 180 grados en esta supuesta relación causal: no sólo la violencia conyugal no es el efecto de un trastorno psicopatológico sino que ella es causante de psicopatología.[7]

El mayor peligro de asociar la conducta de un hombre golpeador a categorías psicopatológicas, alcoholismo o algún defecto de la personalidad, consiste en que cualquier encuadre de este tipo le quita responsabilidad sobre su conducta. Desde un punto de vista jurídico, la existencia de patología psíquica es considerada como atenuante en relación con la imputabilidad de quien ha cometido un acto delictivo.

Ésta es una de las primeras características que se revelan en las entrevistas con los hombres que consultan o con los que tenemos contacto: niegan su responsabilidad frente a la conducta violenta y utilizan argumentos o racionalizaciones para poder apuntalar esta negación de la violencia.

También hubo intentos de explicar la conducta del hombre golpeador adscribiéndola a un modelo más amplio de explicaciones de la conducta agresiva apoyado en elementos de tipo biológico o hereditario, tal como fue discutido en un apartado anterior. La hipótesis es que el funcionamiento biológico del hombre es diferente del de la mujer y, por lo tanto, está más predispuesto a las conductas violentas. Este reduccionismo de tipo biológico, tanto como psicopatológico, no hace sino eludir lo específico del tema.

Hay un tercer tipo de explicaciones que proviene de los enfoques sociológicos y dice, en términos generales, que la violencia conyugal es una de las formas que adopta la dominación del hombre sobre la mujer, en el marco de una sociedad patriarcal.

Si nos acercamos a otro grupo de teorías que intenta explicar la

7. Lori Heise, en un trabajo publicado por la Organización Panamericana de la Salud (1994), describe los resultados de las investigaciones acerca de las consecuencias de la violencia conyugal sobre la salud física y psíquica de la mujer. En nuestro país, ya G. Ferreira (1992) había discutido ampliamente este tema.

conducta del hombre violento desde un punto de vista más estrictamente psicológico, encontramos aquellas que afirman que la conducta violenta del hombre dentro de su hogar es aprendida, y que está en relación con las experiencias vividas durante su infancia. Frecuentemente estos hombres han presenciado hechos de violencia dentro de su hogar de origen, ya sea como víctimas o como testigos, según señala la teoría del aprendizaje social (Bandura, 1986).

Cada uno de estos intentos de explicar la conducta del hombre golpeador es evidentemente parcial, una forma de aproximarse al tema, y no lo agota. Cuando nos acercamos al trabajo clínico centrado en los hombres golpeadores se detectan factores más específicos que nos permiten entender la singularidad del problema.

La falta de una vivencia personal de seguridad es una de las características salientes del hombre; necesita ser sobrecompensada a través de una actitud externa firme, autoritaria, que no muestre esa debilidad interna que en el fondo existe. Son hombres que permanentemente perciben amenazados su autoestima y su poder. Cualquier situación conflictiva dentro del hogar o en la pareja los lleva a sospechar que pueden perder el control de la relación.[8] Cualquiera de estas situaciones les provoca un estado de gran tensión e intentan retomar rápidamente el control con el uso de la fuerza.

Los hombres que ejercen violencia física en la relación conyugal suelen representar la caricatura de los valores culturales acerca de lo que "debe" ser un varón, de los mitos culturales de la masculinidad, que ya hemos enunciado. Aun cuando no lo digan abiertamente, están sosteniendo formas de relación que tienden al control y la dominación de quien consideran inferior. Esta concepción sexista que encontramos en la mayoría de los hombres golpeadores es muy difícil de modificar, dado que muchas veces está recubierta por una capa de racionalizaciones que muestran todo lo contrario: ellos aprendieron, a través del tiempo, a decir "Hombres y mujeres somos iguales, no hay diferencia, tenemos iguales derechos". Pero debajo de esa capa superficial de racionalizaciones siempre encontramos un sistema de creencias apoyado en el

___

8. Para una mejor comprensión del concepto de "control de la relación", se recomienda Haley, 1987.

sexismo. Si queremos hablar de multiplicidad de causas, en la base de la pirámide causal está esa concepción sexista.

Otra de las características que encontramos es la dificultad que tienen para comunicar sus sentimientos y lo que les afecta de cada situación. Esto se relaciona con ciertas pautas de socialización masculina que están asociadas a la prohibición de expresar libremente los sentimientos, porque éstos son fuente de debilidad y el hombre debe ser fuerte.

Esta inhabilidad o incapacidad comunicativa específica conduce, muchas veces, a que en las situaciones conyugales se produzcan conflictos que, por no saber cómo resolverlos de otra manera, tienden a solucionarlos por la vía violenta.

Esta especie de "analfabetismo comunicacional" está relacionada con la inhabilidad para resolver conflictos de otra manera que no sea la violenta. Cuando, en el marco de un tratamiento, les señalamos que en toda relación el conflicto es inevitable, que no es algo negativo, que no tendría por qué ser evitado, ellos se sorprenden mucho, porque suponen que todo conflicto que surge en la pareja debe ser rápidamente erradicado. Por lo tanto, para poder hacerlo, muchos hombres emplean la violencia (la que, por otra parte, es un método sumamente efectivo y rápido para terminar con la situación no deseada).

Cuando perciben que son amenazados, cuando se sienten sin poder o han perdido el control de la situación, se afirman a través de los medios más rápidos disponibles. La violencia proporciona, por lo menos, una vivencia temporaria de poder. Las investigaciones de Dutton (1988) muestran que estos hombres tienden a interpretar las situaciones como amenazadoras, aun cuando no haya suficientes evidencias que justifiquen esa interpretación (ello apoyado en la baja autoestima antes señalada).

Otra de las características que encontramos en estos hombres es el *aislamiento emocional*. Se trata de un tipo de aislamiento social vinculado a lo afectivo; algunos hombres pueden relatar que tienen muchos amigos, pueden relacionarse con muchas personas, pero cuando les preguntamos si existe alguien con quien puedan realmente hablar de sus propios problemas afectivos, a quien contarle acerca de sus temores o comunicarle cuáles son sus conflictos en la esfera privada, nos encontramos con que esa persona no existe. Probablemente se relacionan con muchas personas, pero ninguna relación tiene un grado de intimidad tal que les permita hablar de sus propios sentimientos, de sus conflictos afectivos; este aislamiento social y emocional aparece como un factor muy frecuente en los hombres golpeadores.

Asociado con todo esto, casi siempre (aunque resulte poco evidente para una mirada ingenua) encontramos los indicios de una imagen de sí mismo muy desvalorizada; si en otros ámbitos es un hombre que no se atreve a decir lo que quiere, lo que siente, lo que necesita, lo que teme, en el ámbito conyugal, dentro de la privacidad de su casa, es donde se siente a salvo de la mirada de los demás. Entonces puede emerger, bajo la forma de violencia, lo que en otros lugares no manifiesta. Las racionalizaciones que utilizan para explicar su conducta violenta son reiterativas: "Ella me provoca", "Yo no puedo controlarme", "Yo no sé lo que hago en esos momentos", etcétera. Las racionalizaciones son válidas para su pareja, pero no para otras situaciones en las que sí pueden controlarse (ese argumento podría aplicarse a situaciones externas que pueden "provocarlo", y en las que, sin embargo, no reacciona con violencia).

Teniendo en cuenta las características de estos hombres, resulta posible deducir lo difícil que es intentar un trabajo terapéutico con ellos, ya que básicamente no hay suficiente grado de responsabilización por sus actos; por lo tanto, tampoco muestran necesidad de pedir ayuda para resolver estos problemas, que no los perciben como propios.

Dado que la violencia no es asumida como un problema propio, trata de encontrar la responsabilidad afuera: en la mujer, en la familia, en los hijos, en la situación del país, en los problemas económicos, etcétera. La responsabilidad se dispersa en tantos niveles que, al no asumirse a sí mismo como el "portador" del problema, tampoco reconoce que necesita ayuda y, en consecuencia, no la pide.

En nuestro país, a partir de la puesta en marcha de servicios específicos para la atención de la problemática del hombre violento [9] hemos te-

---

9. La primera experiencia de aplicación de modelos específicos para el abordaje de los hombres golpeadores se llevó a cabo en el Hospital de Emergencias Psiquiátricas "Torcuato de Alvear", de la ciudad de Buenos Aires, en 1991, gracias al apoyo que brindó al autor de este trabajo la entonces directora del hospital, doctora Ana Giller. Con posterioridad, a partir de 1992, la tarea fue realizada en el Servicio de Asistencia a Hombres Violentos, dentro del Programa de Violencia Familiar de la entonces Subsecretaría de la Mujer de la Municipalidad de la Ciudad de Buenos Aires. En 1995, la tarea continuó en el Centro de Salud "Dra. Julieta Lanteri".

nido la posibilidad de implementar programas de tratamiento para hombres golpeadores, en aquellos casos en los que las presiones de la situación que están viviendo los llevan a consultar. Los más habituales son los casos en los que la mujer ha abandonado el hogar y pone como condición para volver a la situación conyugal el tratamiento del hombre. La situación en los países con legislación específica en torno al problema de la violencia doméstica es diferente con respecto a los hombres golpeadores. En esos países, cuando un hombre comete este tipo de delito (en los casos en los que el abuso intrafamiliar está tipificado como tal) el juez le permite elegir entre cumplir una condena o llevar a cabo un programa de rehabilitación. A menudo eligen este último, lo cual hace que los inves-tigadores del tema tengan más datos directos a partir de la mayor cantidad de hombres golpeadores que pueden atender.

El hombre puede llegar a la consulta en un momento inmediatamente posterior a la fase del ciclo de violencia que se ha caracterizado como episodio agudo de golpes,[10] porque es cuando se produce habitualmente el alejamiento de la mujer, que busca refugio fuera del hogar. Éste es el momento en el que generalmente pueden llegar a la consulta. Pero inmediatamente después se produce ese otro momento del ciclo que es la "luna de miel", caracterizado por el arrepentimiento y por la promesa de que "nunca más volverá a ocurrir". Los hombres que han comenzado un tratamiento en el momento de presión externa rápidamente tienden a abandonarlo en este período. La deserción es muy grande, dado que ellos también están convencidos de que "nunca más volverá a ocurrir", de que nunca más van a volver a emplear la conducta violenta. Los investigadores de este problema sabemos que no es así: hemos comprobado que, de no mediar la intervención externa, la aplicación de instrumentos metodológicos específicos para la recuperación de hombres violentos, por una parte, y para la mujer maltratada por otra, volverán a encontrarse en la misma situación al poco tiempo. Hay otros casos en los que la deserción no ocurre. Generalmente, cuando la mujer se halla realizando un tratamiento adecuado y específico sucede que está preparada para no aceptar la promesa del arrepentido y, por lo tanto,

---

10. Para una más completa caracterización del ciclo de la violencia conyugal, véase Corsi, J. (comp.), 1994.

colabora para prevenir la deserción. En otros casos, en los que la mujer no está atendida en servicios orientados al problema de la violencia familiar por profesionales informados acerca de la especificidad que requieren estos tratamientos, la deserción es evidentemente mayor.

El problema del abuso emocional

La violencia psicológica, o abuso emocional, está presente en muchos casos en los que la consulta se origina por otros motivos. La doctora Anne Ganley (1981), del Center for Women Policy Studies de Washington, propone una diferenciación entre *abuso psicológico* y *abuso emocional*. Las conductas son las mismas, pero la violencia psicológica se da en un contexto en el cual también ocurre la violencia física (al menos, un episodio); por lo tanto, las amenazas, las intimidaciones, los gritos, etcétera, adquieren un valor de daño potenciado, ya que generan la evocación del abuso físico y el miedo a su repetición. En cambio, Ganley habla de *abuso emocional* cuando éste se da como única forma, sin antecedentes de abuso físico. Esta distinción es relevante, ya que confiere importancia al antecedente de un único episodio de violencia física (que algunos autores desestiman) porque proporciona las bases para la intensificación de los efectos de la violencia psicológica.

En el caso de los hombres golpeadores, la presencia de abuso emocional es una constante, aunque ellos tienen una enorme dificultad para reconocer esas conductas como abusivas.

Fundamentalmente son tres las formas que caracterizan el abuso emocional del hombre hacia la mujer: *desvalorización, hostilidad, indiferencia*. La primera se manifiesta a través de la desvalorización de sus opiniones, de las tareas que realiza o de su cuerpo. Esto se puede vehiculizar a través de bromas, ironías o de mensajes descalificadores. La hostilidad se manifiesta a través de reproches, acusaciones e insultos permanentes, que muchas veces se traducen en gritos y amenazas. En tercer lugar, la *indiferencia*, que también es una forma de abuso emocional, se manifiesta cuando se ignoran las necesidades afectivas y los estados de ánimo de la mujer (por ejemplo, la tristeza, el dolor, el miedo), los cuales son desestimados y reprimidos, habitualmente mediante el empleo de actitudes violentas.

Trabajar con este tipo de elementos constitutivos del abuso emocional es algo central en el tratamiento de hombres golpeadores. Se puede detener la violencia física con alguna técnica de control de la agresión, pero lo que no se detiene, lo que es más difícil de controlar, es el abuso emocional que continúa aun después de haber cesado la violencia física.

Sexualidad masculina y violencia

En el terreno de la sexualidad se desarrollan a menudo diversas formas de maltrato hacia la mujer. La coerción sexual y la cosificación del cuerpo de la mujer son aspectos de la sexualidad considerada como instrumento de poder.

Precisamente, los hombres que utilizan la violencia como método para la resolución de los conflictos conyugales presentan una marcada dificultad para discriminar entre deseo sexual y deseo de poder. En ellos, las "hazañas" sexuales y las "conquistas" amorosas, más que con la realización afectiva, tienen que ver con el triunfo sobre la mujer. Incluso en el léxico utilizado, "ganar" a una mujer es producto de una competencia que adjudica un trofeo a la virilidad.

Pero "ganar" implica obtener una gratificación a costa de otro que "pierde". Es por eso que si la autoestima de estos hombres se sustenta en su capacidad de conquista y de dominio sexual, la contrapartida requerida es la sumisión y el sometimiento de la mujer; para lograrlo o mantenerlo a menudo recurren, incluso, a la violencia física.

Si la presencia de la mujer les es necesaria para afirmar su virilidad, por otra parte, demasiada intimidad y proximidad emocional las sienten como una amenaza a su virilidad. He ahí la paradoja de estos hombres.

Ya las leyendas primitivas afirmaban que en el acto sexual la mujer capta la fuerza del hombre y lo debilita antes de la caza o de la guerra. En la actualidad se sigue sosteniendo la misma creencia, cuando los deportistas se concentran antes de una competencia. Nuevamente, la mujer puede hacer peligrar la fuente de la autoestima masculina: su competitividad, su fuerza, su potencia. Es por eso que la sumisión femenina es garantía, para el hombre, de que no "lo chupe hasta dejarlo seco" (como señalaba uno de los participantes de un grupo de hombres).

En el contexto de una relación así definida, para el hombre el sexo se transforma en un medio de descargar tensiones. El placer se resume en la eyaculación, y la estimulación sexual depende de poder sentirse dominante y "ganador".

La búsqueda permanente del control de la relación, por una parte, y la evitación de la intimidad, por otra, son conductas típicas de los hombres golpeadores. Con frecuencia, lo que desencadena los episodios de violencia que pueden llegar al homicidio es ver amenazadas sus posibilidades de control de la situación.

Habitualmente consigue mantener un control suficiente mediante la utilización de violencia verbal (insultos, amenazas) o de formas más sutiles de abuso psicológico que implican humillaciones permanentes a su mujer, a la manera de una tortura constante que va minando sus fuerzas y su capacidad de iniciativa.

Conflicto, masculinidad y violencia

Desde la infancia, los varones aprenden que frente a determinadas situaciones de conflicto (en el juego, en el deporte u otras actividades que realicen) se les permite utilizar la violencia para resolverlas. Además, los modelos que tienen en la televisión, incluidos los dibujos animados, les confirman que una forma de resolver los conflictos que se suscitan entre dos personas es o puede ser violenta.

Un estudio comparativo entre las actitudes de las niñas y los varones más pequeños muestra que, cuando se ha avanzado en el proceso de socialización, las niñas predominantemente se atribuyen a sí mismas las culpas de sus fracasos (si algo les sale mal tienden a preguntarse crecientemente qué es lo que hicieron mal para que fracasara). En cambio, los varones tienden a echar la culpa a circunstancias externas; "Este juguete es una porquería", la culpa la tiene el hermano que lo interrumpió, etcétera. Es decir, tienden a poner la culpa en situaciones externas y eludir su propia responsabilidad ante el fracaso. Esto que sucede en el juego de los varones y de las niñas, cuando lo trasladamos a los adultos y a la situación conyugal se traduce en que al hombre le cuesta mucho asumir su responsabilidad y tiende a justificar su conducta violenta en función de "provocaciones" externas.

Otro elemento para tener en cuenta es lo que podríamos denominar la "internalización de las pautas de relación en una estructura jerárquica". Los hombres que utilizan la violencia como modalidad de resolución de conflictos interpersonales han incorporado un modelo que podemos rastrear en su propia historia de vida. Cuando eran niños, ocupaban el lugar inferior de la pirámide de poder intrafamiliar; desde ese lugar, observaron e incorporaron ciertas pautas recurrentes utilizadas por los adultos en su relación con sus "subordinados". Por cierto que éstos son los primeros modelos que un niño observa en relación con las modalidades de ejercicio del poder.

En nuestro trabajo con hombres golpeadores hemos encontrado algunos elementos comunes pertenecientes a sus historias de vida. En primer lugar, es muy frecuente que hayan sido víctimas de diversas formas de maltrato en su infancia (incluido, en muchos casos, el abuso sexual), o bien que hayan sido testigos de la interacción violenta entre sus padres.

Ahora bien, cuando afinamos la mirada sobre ese pasado de malos tratos encontramos una secuencia comunicacional que se repite y que, más tarde, se reproducirá en las interacciones adultas de estos hombres. Esquemáticamente, dicha secuencia comunicacional podría expresarse del siguiente modo:

1. Yo soy un adulto, tú eres un niño. Por lo tanto, tengo más poder.
2. Te castigo, te hago sufrir física o emocionalmente.
3. La culpa de que yo haya actuado de ese modo la tienes tú.
4. Lo que he hecho lo hice por tu bien, y algún día me lo agradecerás.

Como se puede ver, estos mensajes simultáneos instalan al receptor de la violencia en una verdadera trampa comunicacional de la cual le es imposible salir, ya que se le pide que su sufrimiento se transforme en culpa y en agradecimiento por la conducta que lo hace sufrir. Tal como fue magistralmente descripto por Alice Miller (1985):

Las distintas estaciones en la vida de la mayoría de los hombres son:
1. siendo un niño pequeño, recibir heridas que nadie considera como tales;
2. no reaccionar con ira ante el dolor;

3. testimoniar agradecimiento por los llamados "actos bien intencionados";

4. olvidarlo todo;

5. al llegar a la edad adulta, descargar la ira acumulada en otras personas o dirigirla contra uno mismo.

La máxima crueldad que puede infligirse a un niño es sin duda negarle la posibilidad de articular su ira y su dolor sin exponerse a perder el amor y la protección de sus padres.

Si podemos integrar conceptualmente estos elementos que surgen de la historia personal con aquellos otros provenientes de la incorporación de los estereotipos de rol de género masculino, podremos avanzar en la comprensión de la conducta violenta en el medio intrafamiliar.

Sexualidad y violencia se entrecruzan a partir de un denominador común que está en la base de su construcción social:

- Modelos sociales de control, poder y competencia.

- Modelos familiares de interacciones violentas y escaso intercambio afectivo.

- Modelos sexuales centrados en el desempeño.

Modelos culturales, en fin, que asocian todo eso con la masculinidad.

SEGUNDA PARTE

PERFIL DEL HOMBRE GOLPEADOR

Capítulo 4

ELEMENTOS PARA UNA
APROXIMACIÓN DIAGÓSTICA

Mónica Liliana Dohmen

Se define al hombre golpeador como el sujeto de sexo y género masculino que ejerce modalidades de victimización: violencia física, maltrato emocional y/o abuso sexual, en forma exclusiva o combinada e intencional sobre la persona con quien mantiene un vínculo de intimidad: su esposa o compañera. Esta definición permite tipificar el síndrome del hombre golpeador.

Jorge Corsi (1987) delimita la violencia conyugal como una de las formas encubiertas que adopta la normativa sociocultural de dominación del hombre hacia la mujer. Este autor se basa en el conjunto de teorías que intentan explicar el comportamiento intrafamiliar violento como una conducta aprendida y relacionada con las experiencias vividas durante la infancia y la adolescencia. Frecuentemente, los maridos agresores han experimentado en su familia de origen, como víctimas o testigos, este tipo de modalidades vinculares. Este desplazamiento aprendido y aprehendido se denomina "transmisión intergeneracional".

David Currie (1991) acota que las razones por las cuales los hombres maltratan a sus esposas deben ser analizadas en relación con factores sociales y psicológicos. Reforzando esta noción, Mercedes Rodríguez (1990) aporta que las causas de la violencia doméstica están en las bases de una sociedad sexista, donde se promueve la desigualdad de las relaciones entre hombres y mujeres al permitir el ejercicio privado e institucionalizado del poder, el control, el dominio y la violencia. Estos estereotipos sexuales remiten a la socialización genérica en que se nos forma.

La socialización de género[1] es el proceso en el que los individuos aprenden a ser femeninos y masculinos, de acuerdo con las expectativas socioculturales, y con el fin de prepararlos para participar en la vida social. Inicialmente, este aprendizaje se produce en el sistema nuclear de origen, la familia, configurando la socialización primaria. Los estereo-tipos sexuales vigentes, mediatizados por la familia, son reforzados más adelante en las relaciones vinculares donde no se mantienen lazos de intimidad: la escuela, el club, los amigos, los vecinos, el trabajo, etcétera, y constituyen la socialización secundaria. Estos modelos relaciona-les aprendidos son los que funcionan y se reproducen a lo largo de la vida.

En nuestra sociedad circula una serie de actitudes y valores sostenidos por los hombres, que validan el empleo de la violencia en las relaciones conyugales. Esta manera de resolver los conflictos se configura en el sistema familiar, que ha sido y aún hoy continúa siendo de dominio privado. Esta institucionalización ha perpetuado el uso de la violencia del marido hacia la mujer, considerada como una conducta legítima frente a la ausencia de medidas tendientes a detenerla (Currie, 1995).

Existen innumerables mitos y excusas para justificar la violencia del hombre hacia su pareja, como el alcoholismo, el desempleo, el estrés ocasionado por diversos problemas, etcétera, pero lo llamativo en todos estos casos es que hay una *selectividad* y *autocontrol*, en el sentido de que se delimita quién será la víctima y dónde se desarrollará el nuevo episodio de maltrato. Aquellos mitos y excusas, lejos de ser la causa de la violencia conyugal, sólo adquieren el *status* de factores de riesgo, que inciden pero no determinan el síndrome del hombre violento.

David Currie (1991) afirma que la razón para que esto sea así es porque la agresión hacia la propia mujer es una conducta socialmente tolerada, más que una conducta similar proveniente de un extraño, un compañero de trabajo, el jefe, etcétera. Estas actitudes ejemplifican la discriminación y devaluación de la mujer, particularmente en su rol de esposa/pareja. Ellas se transmiten desde la ideología sociocultural, hasta llegar a la apropiación en el sistema familiar.

Sonkin y Durphy (1982) hablan acerca del aprendizaje de la violencia

---

1. Caracterización basada en las definiciones de Mackie, M. (1987).

en la propia familia. Argumentan que pareciera que el haber padecido la violencia en los primeros años llevaría a no usarla en las relaciones maritales, llegados a la adultez. Contrario a lo esperable, en muchos casos se siguen los pasos de los mismos padres, manifestando el accionar violento como modo de manejar el enojo y el estrés. Se aprende así que la violencia es la única manera de resolver conflictos.

El comportamiento aprendido es una reacción también utilizada y estudiada por los teóricos de los roles sexuales Carrigan y Cornell. La exigencia para adaptarse a los roles masculinos generaría estrés y ansiedad, y tendría como consecuencia el conducirlos a desechar los aspectos femeninos de su personalidad. En los hombres golpeadores esos aspectos serían más manifiestos y se traducirían en actitudes más rígidas, al ejercerlos.

Rondeau (1989) ofrece datos estimativos acerca de las características sociodemográficas de los hombres golpeadores, en el relevamiento y la evaluación de 16 organismos analizados:

– En cuanto a la *edad,* según trece organismos, el 60 % de esta población tiene entre 26 y 45 años.

– En cuanto a los *ingresos económicos,* los distintos programas presentan diferencias: algunos reclutan, particularmente, ciertas categorías. Si por un lado se observa que la mitad proviene de las clases más pobres, por otra parte es de destacar que una proporción no despreciable dispone de ingresos medios o altos.

– En cuanto a la *educación,* la apreciación es similar a la del punto anterior. Doce programas refieren que entre el 55 y el 100 % tienen educación elemental o secundaria. Un programa manifiesta que sus clientes son mayoritariamente universitarios, y cinco instituciones aportan datos del 30 a un 50 % de universitarios. Estas diferencias dependerían de la población a la que dan asistencia los diferentes programas, el tipo de institución y las normativas o condiciones que en ella se establecen, su ubicación geográfica, etcétera.

– En cuanto al *estado civil,* la mayoría son casados; otros, divorciados, separados o viviendo en situación de hecho. Pocos son solteros.

– En cuanto a los *hijos,* trece programas informaron que del 53 al 75 % de los participantes vive con ellos.

– En cuanto a las *características psicosociales*, la clientela presenta una fuerte proporción de hombres abusados física y/o psíquicamente en su infancia, habiendo sido testigos o víctimas de malos tratos.

Mercedes Rodríguez (1990) señala que son múltiples los perfiles que pueden presentar los agresores. Los estudios varían en la manera de describirlos, lo cual ha llevado a algunos a sugerir que "...los golpeadores son más parecidos que diferentes a los no golpeadores". Lo común a todos ellos es la violencia contra sus parejas, que consiste en el maltrato y otras conductas agresivas para controlarlas.

Rondeau, Gauvin y Dankwort hacen alusión a Etoile (1989), donde se afirma que la mayoría de los individuos que agreden a sus esposas *no son enfermos mentales*, puesto que en los últimos no hay en general una elección de la víctima ni se decide el momento del ataque. En los maridos golpeadores, por el contrario, hay *selección de la víctima, premeditación* y *autocontrol manipulable*. Escogen lugar para el desencadenamiento de un nuevo episodio.

Anne Ganley (1981)[2] argumenta que la violencia es precedida por una "cólera irracional", discernible a través de los monólogos interiores de estos hombres, que deforman las percepciones de la mujer y los conducen a actuar desconsideradamente.

Para Rondeau, Gauvin y Dankwort (1989) la importancia de observar y destacar las formas "irracionales y rígidas" de pensar en los agresores permite crear una mayor flexibilidad en las situaciones de conflicto, debiendo desarrollar en ellos las capacidades de comunicar y administrar el estrés.

Hay hombres golpeadores que reconocen su comportamiento y otros que no ven la violencia como un problema. Unos sienten enojo por su relación de pareja o por su propia conducta. Pero aquello que tiñe fundamentalmente las características de los golpeadores son las actitudes sexistas y las creencias estereotipadas en relación con la mujer.

El programa de Wehner (1988) está influido por tres teorías acerca de las causas de la violencia:

---

2. Autora citada por Rondeau (1989).

1. *Déficit psicológico.* Baja autoestima, celotipia.

2. *Factores estructurales económicos y sociales* que implican estrés, y la socialización en una subcultura violenta.

Por ello se emplean técnicas para el manejo del enojo y otras alternativas para expresarse con respuestas no violentas.

3. *Lo histórico*: El análisis de las relaciones de los padres, y entre hombres y mujeres.

Caeser (citado en Dutton, 1988b) considera que los esposos golpeadores son representados como dominantes; Dutton, como no asertivos. Este último alude a Ganley, quien delimita a estos hombres como emocionalmente empobrecidos, pues tienden a clasificar todos los estímulos emocionales como cólera. Esta cólera es usada defensivamente para bloquear los sentimientos de vulnerabilidad. Su restringida capacidad conductual para expresar la cólera, sumada a su inhabilidad comunicacional, determina el empleo de la violencia.

Dutton argumenta que una vez iniciado el comportamiento violento se autorrefuerza, porque reduce la tensión y se recupera el control de la situación, percibida por el hombre como incontrolable. Al inmovilizar/paralizar a la mujer, crea la impresión de complicidad de ella. Este autor también cita a Sonkin, que dice que el estereotipo del rol sexual ejerce una función directiva en los esposos golpeadores: les enseña a compensar su propia vulnerabilidad, con características femeninas negativas y, en consecuencia, a devaluar las figuras femeninas en sus vidas.

Los agresores presentan bastantes dificultades para seguir tratamiento, porque no asumen el suficiente grado de responsabilidad por sus actos ni tampoco sienten la necesidad de pedir ayuda. No internalizan el problema como propio, sino que lo atribuyen a circunstancias que abarcan distintos niveles, desde problemas caseros del espacio intrahogareño hasta problemas del ámbito nacional.

Con respecto a cómo se presenta el golpeador al Servicio de Asistencia es más probable que se manifieste angustiado, deprimido y no "psicopateando o patoteando". Este comportamiento tiene como fin obtener la complicidad del profesional para que la pareja regrese a su lado. La intención es manipular la situación y al terapeuta desde una posición "*down*", referida a los casos en los que se muestran como enfermos, deprimidos, etcétera, desde lo psicológico tanto como desde lo físico –por lo que requieren, por supuesto, la atención de la propia esposa–. De esta manera, no sólo manipularían al psicólogo, sino también al juez. Los maridos violentos tienen una capacidad de persuasión impresionante.

Jorge Corsi confirma que el relato de estos hombres se asemeja a las capas de una cebolla, a la que hay que sacarle todas las cubiertas para acceder a su centro. Esta minuciosa tarea del psicólogo tiene como objetivo que el agresor diga lo que realmente le hizo a la mujer y exprese sus sentimientos.

En líneas generales, no hay correlación entre la edad del hombre y las propias posibilidades para manifestar su problema. El hecho de ser jóvenes no garantiza la apertura. Pero es cierto también que cuanto más antigüedad tenga su comportamiento violento, más firme será la estructura del golpeador.

Los hombres violentos se acercan a los centros de asistencia para arreglar la situación con su mujer y satisfacer el deseo o la condición que le impuso ella, pero no para solucionar su propio problema. *Tienen una gran dependencia emocional de la mujer y por esto necesitan que regrese, ya que no soportan estar solos.*

La restricción emocional de estos hombres se manifiesta en el lenguaje verbal o digital y el lenguaje conductal o analógico,[3] constituido por la expresividad y todo tipo de comportamiento no verbal.

Con respecto a este último, se observan en los golpeadores dos tipos de actitudes:

1. El que se presenta con el rostro rígido, hasta ser inexpresivo. Sus rasgos parecen tallados en mármol. Llega con un discurso terminante, muy seguro, incisivo y racional. A esto se agrega la rigidez corporal estricta, al extremo de mover únicamente la boca.

El hecho de sentirse observado hace que se ponga más duro y piense y medite minuciosamente lo que va a decir, antes de contestar a una pregunta o de hacer algún comentario. Se percibe la tensión que tiene

---

3. Conceptos tomados de Watzlawick (1967).

en el cuerpo. Asocia el hecho de ser observado con el de ser acusado. Desde este lugar, se siente mirado como si fuera una mujer. Está ubicado en un lugar pasivo, y al no tener el control de la situación, intenta reformarlo de diferentes maneras:

– Cuestiona al entrevistador acerca de su profesionalidad, de su experiencia, del compromiso que tendrá para con él, etcétera.

– Posee una gran riqueza lingüística y un firme manejo del lenguaje: efectúa todas las bifurcaciones posibles del discurso, desviando la dirección de aquello que se le pregunta para negar la situación (se va por las ramas).

– Hace racionalizaciones sobre su conducta y la de su mujer: justifica y minimiza su accionar, y culpa a la esposa o compañera.

– Se muestra interesado y hasta preocupado por la salud mental de su mujer, y adopta una postura de "buen esposo", "marido protector", "compañero preocupado".

Estos hombres necesitan retomar el control, puesto que sienten la mirada y las indagaciones del entrevistador como una intrusión que los degrada, que los atraviesa y los penetra. Ellos no sólo deben reubicarse como sujetos masculinos sino lograr que no se descubra su verdadera imagen, que niegan.

2. El que se presenta triste, melancólico, sin poder sostener la mirada del terapeuta. Esquiva la vista. Su actitud corporal no es rígida sino fláccida. Parece que estuviera desparramado, caído, como si se fuera a desarmar. Contradiciendo esta fachada, se toma su tiempo para medir las respuestas. Se producen silencios largos. Intenta ocultar su problemática mirando otra cosa, jugando con algún objeto que tiene cerca o incluso con sus manos. Se muestra desprotegido, llora, se lamenta del pasado y del presente.

Su intención es dar lástima y hasta se muestra acongojado. Busca que el entrevistador se conduela –por el estado en que se encuentra– y alíe con él. Necesita la complicidad del psicólogo para concretar su objetivo: que la mujer regrese a su lado.

Se ubica como víctima de la situación, y culpabiliza a su esposa. Narra episodios de su historia en los que fue víctima para justificar y manipular las circunstancias presentes.

Aunque gran parte de los maridos violentos han padecido el maltrato en su familia de origen como víctimas o testigos de relaciones abusivas, esto no justifica su accionar violento actual. Son momentos evolutivos diferentes: alguna vez fue víctima de una u otra forma; pero en la actualidad es victimario. Su historia no lo exculpa ni lo desresponsabiliza.

En los dos casos estos hombres presentan dificultades para hablar de sí mismos y para pedir ayuda. Tienen una gran dependencia emocional de la mujer. Necesitan volver con ella; no soportan estar solos. Hay una falta de reconocimiento y de responsabilidad con respecto a su problemática. No pueden asumir la violencia como propia y por ello justifican y minimizan su accionar.

Capítulo 5

ASPECTOS COMPORTAMENTALES

Mónica Liliana Dohmen

Doble fachada. Discrepancias entre el comportamiento en el ámbito público y el comportamiento en el espacio privado

El tratamiento de los hombres golpeadores es realmente dificultoso, puesto que ellos no asumen el suficiente grado de responsabilidad de sus actos y, en consecuencia, tampoco suelen pedir ayuda para resolver su problema.

El marido violento no considera el problema como propio, e intenta desplazar esa responsabilidad atribuyéndosela a la familia, los hijos, la esposa, los vecinos, el trabajo, la economía nacional y familiar, etcétera. Al no asumirse como portador de violencia y dispersar la culpa en todos los niveles posibles, no puede reconocer que necesita ayuda, y por lo tanto no la pide.

La imagen social que representa es francamente opuesta a la que manifiesta en el ámbito intrafamiliar. En el mundo público, su imagen no es violenta, sino que llega a ser percibida como sumisa, alegre, tranquila. La violencia sólo se desencadena dentro del hogar. Se muestra agradable frente a los demás, minimiza el problema e inhibe el enojo en el espacio extrafamiliar. Habitualmente es muy seductor.

Graciela Ferreira (1989), al describir la doble fachada de los esposos agresores, menciona que el entorno social suele atribuirles cualidades muy positivas, por la imagen que sostienen en el ámbito extrahogareño: simpáticos, tímidos, respetuosos, solidarios, comprensivos, tolerantes, razonables, divertidos, atentos, cordiales, etcétera.

Las características del hombre golpeador, sumadas a la imagen que ofrecen, dificultan que la *mujer golpeada* pueda demostrar que es el mismo hombre que la maltrata. Esto trae aparejada una *doble victimización de la víctima* o *segunda victimización*, porque la mujer termina siendo señalada como mentirosa, alterada, desequilibrada, loca, a la que se le atribuyen todos los problemas.

Lo regular es que el golpeador está bien conceptuado y que sus conocidos, amigos e incluso colegas lo tengan por una persona respetable. Esta máscara que él se construye imposibilita imaginar el comportamiento violento que ejerce sobre su esposa.

Según Graciela Ferreira, ... "Esta personalidad dual no es conflictiva para el agresor. Actúa con naturalidad su *doble fachada*". Sabe que su conducta violenta no sería bien vista, a no ser por otros que comparten su modo de actuar y de ser. Por eso es que cuida que su comportamiento no trascienda del ámbito privado. Amenaza con el objeto de lograr su objetivo: que su accionar no se haga público.

"...La permisividad social refuerza el sentimiento de impunidad del golpeador y permite mantener su dualidad, sin inconvenientes...", agrega Ferreira.

Los maridos violentos están convencidos de que tienen pleno derecho de castigar a su esposa, porque ella es de su propiedad y no responde a sus expectativas. Frecuentemente encubren su comportamiento agresivo tras una imagen de desamparo, de un ser necesitado de afecto y protección.

Pocos sospechan o conocen el verdadero comportamiento de este tipo de hombre. Incluso, las mismas amigas o familiares de la esposa terminan por compadecerse de él y lo ayudan, en lugar de acompañar y asistir a la verdadera víctima. Ésta pasa a ser la acusada por no comprender al marido y por no darle el apoyo y el afecto que necesita.

Debido a su inseguridad íntima y a la ausencia de un comportamiento parejo, el esposo agresor acomoda su conducta frente a las distintas circunstancias, sin correr el riesgo de que descubran su verdadero modo de operar.

David Adams (1989) define la doble fachada como *discrepancias entre el comportamiento en público y el comportamiento privado,* ya que los hombres que agreden a sus esposas no dan la impresión de ser sujetos abusadores frente a otras personas del ámbito extrafamiliar: "Muchas veces mantienen una imagen pública de ser un devoto hombre de su casa, una persona amistosa, que se preocupa por los demás...". Esta reputación que él mismo se construye hace que vecinos y amigos concluyan que es la esposa la que exagera, cuando refiere que su marido la golpea.

Idéntica situación ocurre con los policías que intervienen en estas querellas, engañados por la actitud calma del agresor. En contraste con él, su esposa puede parecer más alterada e histérica, lo que lleva a los oficiales a deducir que ella es la agresiva.

Esta imagen falsa, errónea, suele repetirse en los juzgados. Los hombres acusados, bien vestidos y acompañados por abogados, por lo general logran mayor credibilidad que la víctima. Este episodio sucede particularmente en los casos en los que el hombre violento es un profesional. Entonces se puede visualizar cómo funcionan los mitos y los prejuicios sociales. En estos casos se descree de la víctima, puesto que su discurso es contrario a la posición que el marido ocupa en la comunidad.

Por ello, es conveniente la preparación de los policías y los oficiales del sistema judicial, acordando con Adams en desdibujar la creencia popular de que el marido violento es un sujeto tosco, reconocible por su comportamiento irracional. Aunque algunos de estos hombres presentan semejanzas con la imagen estereotípica del "bruto", en la mayoría de los casos no sucede así.

Sonkin y Durphy (1982) agregan un elemento significativo a este rasgo, al señalar que el problema reside en que muchos hombres no perciben el momento en el que comienzan a enojarse; crece en ellos la tensión sin que se den cuenta, hasta que finalmente explotan. Una de las causas es que, siguiendo el estereotipo de *género masculino*, se les ha enseñado desde pequeños que el enojo no es una emoción buena para expresar. Como resultado, no prestan atención a su propia ira, y si lo hacen procuran esconderla. Han aprendido a expresar su cólera por medios no saludables, tales como la violencia. Sonkin y Durphy advierten la imposibilidad actual de estos hombres de poder manifestar que se sienten molestos, enojados, lo cual los lleva a acumular una serie de tensiones que descargan en los más débiles, en la mujer.

De esta forma, los golpeadores persiguen dos tipos de objetivos con su accionar violento:

1 – descargar la tensión acumulada que no pudieron expresar por medio de la palabra, y

2 – consolidarse en una posición de superioridad respecto de la mujer, a la que inferiorizan, haciéndole sentir que sólo cobra valor a su lado. Ésta es una de las cuestiones que perpetúa en ambos miembros de la pareja la relación de *dependencia*.

El lugar de superioridad donde se ubican respecto de sus esposas no es el que tienen, les es adjudicado o asumen en otro tipo de relaciones. Es así como presentan la *doble fachada*, pues ni siquiera pueden demostrar su disconformidad en relaciones que los hacen sentirse inferiores o como pares de otras personas. En estas relaciones, los hombres golpeadores se muestran amables, amplios, flexibles, respetuosos de las decisiones o las pautas que ponen los demás, brillantes por cumplir con los señalamientos que se les han indicado, aunque se sientan enojados y encolerizados interiormente por tener que aceptar las normas que se les imponen. Pero esta imagen que ofrecen al entorno social termina complementándose con otra, la del ámbito intrafamiliar, donde pueden desencadenar su enojo, puesto que su pareja está ubicada en un lugar de inferioridad.

Se describirán a continuación algunos fragmentos ejemplificadores de la *doble fachada*:

A: Quiero hacer cualquier cosa lógica para solucionar la situación... Lo que en el fondo me preocupa es la situación emocional de mi mujer, y no es la primera vez. Si ella se hubiera superado, yo no estaría acá.

En este ejemplo se puede apreciar la postura racional del entrevistado, que se muestra medido y calculador al apoyarse en el estereotipo masculino.

Él quiere hacer "cualquier cosa lógica", lo cual denota las dificultades para expresar lo que siente, y muestra *la fachada* de un "hombre bueno", que intenta solucionar la situación. Al adjudicarle el problema a la mujer adoptando una "actitud protectora", se delimita su *doble fachada*, particularmente cuando manifiesta haberse comprometido a asistir al Servicio porque su mujer no ha superado su alteración emocional. Su actitud corporal rígida, su discurso seguro y racional, las manifestaciones de su amplitud para comprometerse con el tratamiento y su conducta protectora hacia la esposa caracterizan la *doble fachada* en este hombre.

Durante la misma entrevista, el hombre acota:

A: Ella quiere separarse... No creí que una persona me hiciera esto...
Coord.: Esto es lo que vio, pero ¿qué sintió?
A: Dolor, porque no esperaba que venga directamente con la decisión tomada.

El entrevistado deposita toda la culpa en la mujer, sin admitir ninguna responsabilidad de su accionar, y externaliza la culpa cuando ella toma "semejante decisión" sin compartirla con él. Esto denota la *doble fachada* como rasgo característico del hombre golpeador. Para él es impensable que "una persona" –aludiendo a su esposa– pueda hacerle eso e intenta connotar que por su comportamiento "protector" y de "buen marido" preocupado por su mujer no lo merecía.

Otro ejemplo ilustrativo de este rasgo:

C: Ella viajó a Jujuy a ver a su familia y llamó por teléfono para avisar que tenía que hacerse una cesárea y necesitaba plata urgente. Yo tuve que renunciar al trabajo para estar con ella.

En este ejemplo puede apreciarse, nuevamente, que el entrevistado intenta mostrarse con una "actitud protectora" hacia su esposa. Analizando su discurso se observa que en realidad encubre su necesidad de controlarla, puesto que, aunque su esposa sólo le pide dinero, él renuncia al trabajo para lograr su objetivo. Esta imagen dual es la que caracteriza la *doble fachada*.

Por otra parte, este hombre no hace alusión a haber pedido licencia en su trabajo por tener un familiar enfermo sino que directamente renuncia.

De esta manera, se puede apreciar la manipulación que efectúa para ser visto como "buen esposo", que deja todo cuando su mujer lo necesita.

En otro fragmento de la entrevista a este mismo hombre se aprecia igualmente la *doble fachada*:

C: Tuve una chica, que también estuvo embarazada. También quedó embarazada, y a los tres meses se hizo un aborto sin yo saberlo. Yo hacía ocho meses que salía con ella. Yo me iba a casar con la chica, pero ella se hizo un aborto. Ella tenía problemas con los padres, y no voy a decir que está mal, pero decidió quedarse con los padres.

En este hombre se aprecia la *doble fachada*, en su intento por caracterizarse como el "hombre responsable" y "protector" de esa pareja anterior, al decir "Yo me iba a casar con ella, pero se hizo un aborto". Aquí se observa cómo el enganche del hombre para "casar = cazar" a la mujer pasa por el embarazo. Responsabiliza a la mujer de no haberse casado por la ejecución del aborto. Termina juzgando la actitud de esta pareja porque "decidió quedarse con los padres", aun frente al ofrecimiento de "quedarse a su lado" que el entrevistado le hacía.

Antecedentes de violencia con otras parejas/Repetición de la violencia con nuevas parejas

En las familias que padecen violencia familiar hay una alta incidencia de divorcios. Al aportar este dato, Sonkin, Del Martin y Walker (1985) manifiestan que ante esta situación el golpeador busca como salida *conocer a otras mujeres*. Esta característica se encuentra asociada al rasgo de *dependencia*. Necesitan tener siempre una mujer al lado que, tal como describe Graciela Ferreira (1989), funcione como "madre" o como "hija" de acuerdo con las circunstancias, pero nunca como un par en una relación "pareja", donde exista la paridad.

Rondeau, Gauvin y Dankwort consideran que la amplitud y la gravedad de la violencia conyugal imponen no asociarla con imágenes "benignas", como la bofetada romántica o una disputa conyugal corriente y no dolorosa. La importancia de este síndrome está claramente demostrada, e incluso se puede hablar de la urgencia de tomar medidas tendientes a contrarrestar todas las formas de violencia identificadas: maltrato emocional, físico y/o sexual.

En el relevamiento efectuado en distintos programas por estos autores, las cifras indican que, cuando hay un cambio de pareja, las probabilidades de que la violencia se oriente hacia la nueva cónyuge son muy elevadas.

Sonkin, Del Martin y Walker (1985) recomiendan a los terapeutas, como estrategia obligatoria, contactarse con toda mujer con la que se haya involucrado el hombre. Ello tiene por finalidad conocer la forma como el agresor maneja la cólera y el enojo, y si le ha comunicado a la nueva pareja sus problemas respecto del pasado violento. Para que el profesional se provea de información necesaria y veraz, es importante su relación con la nueva pareja y/o con su familia. El objetivo que se persigue es advertir a los involucrados sobre la peligrosidad de este hombre, el riesgo que pueden estar corriendo y cómo deben prevenirse.

En este sentido y frente a una citación judicial, se le aclara al hombre violento que el *secreto profesional* implica resguardar la información que dio, a excepción de aquellas situaciones donde corra peligro la vida de otras personas. Lo mismo ocurre en el grupo de hombres, donde se establece que todos los datos y los elementos que circulan son confidenciales, salvo cuando existe riesgo para terceros.

Sonkin, Del Martin y Walker (1985) indagan al cliente sobre la eventualidad de haber establecido una relación significativa con otra mujer, es decir cuando ha transcurrido un mes o más del inicio de la relación. Muchos hombres se resisten al contacto del terapeuta con la nueva pareja. El coordinador debe aclarar al cliente que es una cuestión ética el estar en contacto con toda persona que puede ser víctima de violencia. Es importante estimular a los golpeadores a que comenten en el grupo cómo le explicarían a la nueva pareja su conducta violenta con la anterior y se los prepara para la reacción que pueda tener ella.

La violencia no es un problema emocional cualquiera, porque pone en riesgo la vida de otro. Los mismos autores arguyen que si el hombre considera intrusiva la actitud del terapeuta se presentan dos opciones: estar en un programa que no incluya el cotacto con la mujer, o trabajar en grupo la situación.

Algunos ejemplos de esta característica se describirán a continuación:

Coord.: Anteriormente, ¿tuvo otra pareja?
C: Tuve otra chica, que también estuvo embarazada, y a los tres meses se hizo un aborto sin yo saberlo...yo me iba a casar con la chica, pero ella se hizo un aborto...

Coord.: ...pero tiene que pensar que si tuvo problemas de convivencia con su mujer, con su madre y con su anterior pareja, el problema lo tiene usted.

En esta entrevista se aprecia la necesidad de este hombre de tener permanentemente una mujer al lado, una pareja a la cual deja embarazada como única posibilidad para retenerla, conservarla. El entrevistado vivencia los embarazos como sinónimo de casamiento, de unión perpetua con una mujer. Su primera pareja, al concretar el aborto, pudo terminar con este hombre; la segunda no logró efectuarlo aunque lo intentó. Tuvo una nena que actualmente le sirve a este hombre de *objeto de manipulación* de su esposa.

La importancia de comunicarse con la mujer golpeada que motivó la asistencia del golpeador, como con la nueva pareja que haya establecido, radica en evitar los riesgos que aquélla corre, previendo el desencadenamiento de su conducta violenta. La información otorgada a la mujer debe ser adecuada y circunscripta a lo que ella pueda elaborar en esos momentos, puesto que si se la transmiten a su compañero, sin saberlo le están ofreciendo los argumentos para que él justifique el maltrato.

Resistencia al cambio

La *resistencia al cambio* es uno de los rasgos más fácilmente discernibles en los golpeadores que acceden al tratamiento. Cuanto mayor sea la presión que ellos ejerzan y más tenga que "pulsear" el profesional, mayor será la *resistencia al cambio* que se relaciona con el pronóstico de estos casos.

En el otro extremo se encuentran los *hombres violentos seductores*. Ellos no pulsean sino que, por el contrario, consienten todos los señalamientos e indicaciones del entrevistador, adulándolo. En realidad, ofrecen tantas *resistencias* como el grupo anterior. Esta caracterización también se encuentra asociada al pronóstico.

Generalmente, las dos tipologías tienen mal pronóstico, porque en ambas hay *resistencia al cambio*: la primera, por esquivar la situación e irse por las ramas, o por cuestionar y confrontar al entrevistador; la segunda, por la seducción desplegada para manipular al terapeuta, con halagos y congratulaciones. En ninguno de los casos se asumen como golpeadores.

David Adams (1989) compara la negación típica de los adictos a drogas/alcohol con la carencia de motivación interna de los agresores para buscar consejos u orientaciones que posibiliten un cambio en su conducta.

El mismo autor ha estimado en menos del 1 % a los esposos agresores derivados a tratamientos específicos. Un porcentaje considerable se somete a ellos por orden judicial. Aunque técnicamente pareciera que el resto llega por propia voluntad, existen otros motores que los impulsan a acercarse. Muchos concurren cuando temen la finalización del vínculo con su pareja. Pocos son los que aceptan la asistencia porque perciben tener un problema.

Según Adams, la mayor cantidad de hombres golpeadores considera que el problema es el abandono de la mujer, sin focalizar su propia violencia. Inicialmente, el marido violento "regatea" con su compañera para hacer los menores cambios posibles. Un ejemplo de ello es cuando asisten al tratamiento sólo por una semana, con el objeto de poder regresar a su casa y/o que su esposa retire la denuncia.

Suele suceder que ya en la primera entrevista de admisión, el golpeador solicita un certificado para mostrarle a su esposa la constancia de que recibe asistencia. Esta actitud indica el bajo grado de compromiso con el tratamiento, el cual termina siendo generalmente muy breve, ya que lo único que busca es un medio para que ella regrese.

Rondeau, Gauvin y Dankwort, al igual que Adams, obtuvieron datos de diferentes programas, donde se convalida que el 50 % de los hombres que comienzan el tratamiento abandona en el transcurso del primer mes. Otros lo hacen porque logran reconciliarse con sus esposas, y el resto, cuando verifican que no hay posibilidades de reconciliación. Respecto de esta cuestión, Wehner recalca la necesidad de insistir frente a los agresores en que el tratamiento está dirigido a solucionar *su propia* problemática, a terminar con *su* conducta violenta, pero de ninguna forma a la reconciliación con su mujer. Sonkin, Del Martin y Walker refuerzan este enfoque cuando recomiendan, como primer paso del tratamiento, la "identificación" del golpeador con su problema. La estrategia consiste en aclararle que la meta es trabajar sobre su violencia, porque el impulso inicial con el que llegan es hacer cualquier cosa para que su pareja regrese.

Adams argumenta que el "agresor típico", al igual que el alcohólico, lleva al tratamiento una mentalidad de *"cura mágica"*, puesto que "su deseo de volver al statu quo es más fuerte que su deseo de cambiar".

Se puede afirmar que, de no mediar ayuda externa con sendos tratamientos especializados para el hombre golpeador y la mujer maltratada, se reproducirá la modalidad vincular violenta al poco tiempo.

Habitualmente, la deserción de los golpeadores se evita cuando la mujer concurre a un adecuado tratamiento. Con el abordaje indicado, ella no vuelve a aceptar el arrepentimiento y las promesas de que no se reiterarán los episodios de violencia. De esta manera, e indirectamente, la esposa colabora para que no ocurra la deserción del hombre.

A continuación se incluyen algunos ejemplos de este rasgo:

A: Estoy contento de estar acá, porque sé que hay profesionales responsables que se dedican a atender estos problemas.

En este fragmento el entrevistado intenta seducir al terapeuta, adulándolo para conseguir sus propios objetivos. *Al negarse* a asumir su problema y despersonalizarlo, se *resiste al cambio.*

El mismo golpeador, en otro momento de la misma entrevista:

Coord.: Estos hechos que usted comenta, ¿son los que explican el llegar a esta situación?

A: No... Lo que no sé es cómo ustedes me pueden ayudar ... Discúlpeme, yo insisto, quiero comprometerlo a usted por si hay una denuncia, para saber en qué me puede ayudar.

Coord.: Yo voy a aclararle el panorama. Este servicio tiene como objetivo ayudar a los hombres que tienen problemas de violencia en la familia.

A: Mi problema es de violencia.

Coord.: Es ayudar a los hombres con problemas de violencia. En la cuestión del divorcio, no podemos ayudarlo porque no pasa por nosotros.

Al analizar este fragmento se observa que el coordinador tiene que ponerle límites, porque el señor efectúa bifurcaciones en el discurso y no responde a lo que se le pregunta.

Posteriormente, el entrevistado cuestiona el rol del coordinador: primero, intenta presionarlo para que le solucione la situación con la mujer sin que él promueva ninguna modificación en su comportamiento; segundo, intenta manipularlo con el objeto de que lo cubra ante una posible denuncia por maltrato y/o para que interceda evitando el divorcio. Busca su complicidad. Es allí donde interviene el profesional para esclarecer que el tratamiento no está orientado a la reconciliación de la pareja sino que apunta a trabajar sobre sus conductas violentas.

Es necesario aclarar a estos hombres que no hay garantías de que la esposa regrese a su lado, aun habiendo concretado el proceso asistencial, y que su retorno no es el objetivo del tratamiento.

En la misma entrevista se observa la "pulseada" que establece A con el coordinador:

Coord.: Lo que veo es que a usted le cuesta pensar en sí mismo, en lo que le pasa a usted.

A: No me interesa.

Coord.: Bueno, eso está muy mal, porque no puede verse y trabajar sobre sí mismo, con usted mismo.

A: Le va a costar.

Coord.: Acepto... Yo respeto mucho su dolor, lo que usted está sintiendo, pero tiene que ponerlo en primer plano. Si no trabajamos a partir de su dolor, no vamos a conseguir nada.

En este párrafo se observa la afrenta que contesta el profesional al acceder a pulsear con el entrevistado. El terapeuta no puede bajar la guardia, lo cual muestra y determina la *resistencia al cambio* de A. El coordinador acepta entrar en el juego, pero finalmente "le tira la pelota" y le adjudica el problema para que aquél pueda comprometerse con el tratamiento: "Acepto...Yo respeto su dolor ... Si no *trabajamos* su dolor, no *vamos* a conseguir nada".

En esta última frase el coordinador emplea la primera persona del plural, incluyéndose él mismo en el trabajo que propone. La estrategia que persigue es acompañar al entrevistado a dar el primer paso, tan importante y difícil, que significa iniciar este tipo de tratamiento.

En la entrevista al mismo hombre se vuelve a apreciar este rasgo:

A: Me sorprendió la actitud de mi señora, de llamarme hombre golpeador, de pedirme el divorcio. No estoy de acuerdo en llegar a la separación sin encontrar otras salidas.

En este párrafo el mismo entrevistado se *resiste al cambio* al no asumir-se como golpeador (como lo caracterizó su mujer), pero por otra parte lle-gó a pedir asistencia por el temor a que su esposa concretara el divorcio.

En otro fragmento de la misma entrevista:

Coord: ¿Qué es lo que hizo usted para llegar a esta situación?
A: Yo trabajé 17 años; mi mujer, igual. Muy honestamente logré tener mi casa, mi auto.
Coord.: Usted me está contando lo que no influyó para llegar al divorcio.

Este párrafo permite caracterizar al hombre entrevistado como aquel con el que hay que *"pulsear"*, pues trata de esquivar la pregunta que se le hizo, yéndose por las ramas y evitando así contestar directamente a aquello que se le preguntó. Esto denota su *resistencia al cambio.*

El mismo entrevistado vuelve a caracterizar este rasgo:

Coord.: ¿Usted está dispuesto a hacer algo por usted mismo, indepen-dientemente de su mujer?… Porque si usted se separa de su mujer sigue siendo la misma persona.
A: Toda persona que viene acá va a hacer un curso, viene por eso.
Coord.: Acá se hace un grupo con hombres con problemas de violencia, con problemas similares.

Aquí se observa la necesidad de que el coordinador asuma una permanente pulseada. Esto caracteriza su resistencia al cambio, así como atribuir a la asistencia al grupo el *status* de asistir a un curso, como si sólo fuera a llevarse de él un bagaje cognitivo.

Consecutivamente, se darán ejemplos de otras modalidades de *resistencia al cambio,* donde los entrevistados buscan salidas mágicas a la situación:

B: Que pasa el tiempo y cada vez me vuelvo más loco. Ella va al tratamiento. No sé, pasa el tiempo. No sé, el tratamiento es largo.

C: Porque si hasta ahora estuve equivocado, quiero cambiarlo, por eso es que vine.a pedir ayuda... Por eso es que estoy acá, para que me ayuden...

Coord.: Pero no con la decisión tomada para juntarse con ella, porque no se lo puede asegurar nadie y el problema es de usted.

C: Sí, yo quiero. Yo me siento solo. Quiero visitar a la nena, ¿y si ella no me deja ver a la nena?

En estos dos fragmentos se observa que ambos entrevistados buscan una solución mágica: a breve plazo y con el menor cambio posible por parte de ellos. La estrategia de estos hombres está dirigida a presionar al entrevistador, a modo de pulseada y cuestionando su profesionalidad, con el objeto de que acate sus demandas. Por tal motivo, es de fundamental importancia el entrenamiento del terapeuta en el tratamiento a golpeadores, para evitar quedar prendido en el manejo que instrumentan.

En el segundo ejemplo se aprecia, además, un intento de manipulación para lograr una salida pronta, presionando directamente al entrevistador con el sentimiento de soledad ("Yo me siento solo"). Ello tiene como fin despertar compasión para establecer una alianza y que el tratamiento se oriente a la reconciliación con su mujer ("Quiero visitar a la nena, ¿y si ella no me deja ver a la nena?").

Finalmente, en la entrevista a C se aprecia otro fragmento que caracteriza este rasgo:

Coord: ¿Alguna vez pidió ayuda psicológica?

C: Sí, fue primero ella y yo le dije que vayamos juntos... Ella me dijo que tenía que ir a un psiquiatra y yo le dije que lo haría para volver a estar juntos, y que ella tenía que ayudarme. Ella llamó a mi madre para avisarle que fue al Hospital Alvear y allí le dijeron que teníamos que ir juntos.

En este fragmento se puede advertir la *creencia de los golpeadores de necesitar a la mujer para realizar estos cambios*, denotando su *dependencia* y la *resistencia al cambio*. Por tal motivo es necesaria la intervención del coordinador para implementar el señalamiento de que no necesita a la esposa para desarrollar la habilidad del control del enojo y el cambio de sus actitudes violentas.

Abuso de sustancias

David Adams (1989) menciona la existencia de investigaciones con resultados opuestos respecto de la *existencia de correlación* entre el *maltrato físico a la mujer* y el *abuso de sustancias*. Esta variación podría atribuirse a criterios distintos para calcular el uso o el abuso de sustancias en el golpeador.

Aun frente a la habitualidad con la que se conjugan las variables mencionadas, la mayoría de los especialistas en violencia familiar coincide en la afirmación de que *el uso de alcohol/drogas no es causa de que los maridos golpeen a sus parejas*.

Adams manifiesta que muchos hombres recurren al alcohol como excusa o justificativo para ejercer el maltrato. Los agresores deben asumir la responsabilidad por ambos problemas. Un tratamiento orientado hacia el alcoholismo y/o la adicción a las drogas no detiene la violencia. Adams (1986) aclara incluso que los alcohólicos en proceso de recuperación muestran una alta incidencia de comportamiento agresivo. El golpeador adicto a sustancias deberá ser evaluado para los dos tipos de tratamiento. Sonkin y Durphy coinciden con Adams en este aspecto. Reconocen además que los hombres con el problema adicional de *abuso de sustancias* no promueven cambios en sus relaciones violentas —así como tampoco en otros aspectos— hasta que no solucionan el tema de las adicciones.

Rondeau, Gauvin y Dankwort señalan que si bien el abuso de sustancias es significativo, no puede ser considerado un problema de la mayoría de los golpeadores.

Sonkin y Durphy afirman que en un porcentaje del 60 al 80 % los golpeadores consumieron alcohol o drogas antes o durante los conflictos de violencia. Por ello sostienen la creencia de que en la mayoría de los casos el alcohol y otras drogas son un problema separado pero a su vez relacionado con la problemática de la violencia doméstica.

En los maridos violentos una de las razones para el abuso de sustancias es el efecto que ellas producen, puesto que les permite ubicarse en una situación de superioridad imponiéndose a través de la violencia. Esta situación no se daría sin ese consumo por su *debilidad* e *inseguridad*.

En mi experiencia he observado que muchos de los hombres que justifican su accionar violento por el alcohol que ingirieron lo consumen solamente los fines de semana, cuando permanecen la mayor parte del tiempo en el hogar y como forma de imponer el *poder* en ese espacio y tiempo. Sin embargo, esto no ocurre durante los días hábiles, cuando permanecen gran parte del tiempo en el trabajo. Otros, además, suelen consumir al salir del trabajo y antes de regresar a su casa, pero jamás han sido vistos alcoholizados durante la jornada laboral. En consecuencia, la mayoría de los episodios de violencia se suscitan en los fines de semana y, con menor frecuencia, al regresar del trabajo y después de alcoholizarse. El elemento común de todas las situaciones presentadas es la manipulación y la selectividad de la persona a quien está dirigida la violencia.

Sonkin y Durphy consideran que los problemas o los motivos estresantes que hacen perder el control de su enojo al golpeador pueden ser los mismos que lo llevan a ser adicto o alcohólico. Adams refuerza esta idea al agregar que la tendencia de los agresores a minimizar los problemas de violencia es comparable a los patrones de negación de quienes abusan del alcohol y las drogas.

Tanto en la admisión como en las entrevistas pregrupales es menester delimitar el estado de los hombres golpeadores que confesaron tener alguna adicción. El objetivo es poder discernir si el entrevistado es o no agrupable y así prever la necesidad de derivarlo a otros servicios para rehabilitarse de su adicción. Por tal motivo, los profesionales deben estar alertas ante los indicios que remiten a la posibilidad de que exista *abuso de sustancias*.

Algunos ejemplos de este rasgo:

K: Hace ya seis meses que no tomo.
Entrevist.: ¿Usted está haciendo algún tratamiento?

K: No, yo puedo manejarlo solo. Me costó bastante pero pude dejarlo.

Entrevist.: Sería muy importante para usted que tuviera un tratamiento específico, porque lo ayudaría a seguir con este logro. A veces uno puede tener situaciones difíciles y el tratamiento ayuda a sortearlas.

K: Voy a ver cuándo puedo ir, porque es un tema superado.

Se pueden apreciar en este hombre sus dificultades para aceptar ayuda. Es cierto que hace seis meses no prueba el alcohol, porque lo confirmó su esposa. Esto ocurrió a partir de su denuncia ante el juez por el maltrato que recibía de su marido. Su derivación a un tratamiento específico se basa en que fue una causa externa, el temor a la justicia, lo que lo indujo a dejar el alcohol. Pero cualquier situación desestabilizante puede traer aparejada para el entrevistado una recaída, y es por ello que necesita la contención del tratamiento.

Otro ejemplo del mismo rasgo:

P. Tomo poco... uno o dos vasitos con las comidas.

Entrevist.: ¿Y los fines de semana?

P. Un poquito más...

Entrevist.: ¿Alguna vez usted se enojó con su esposa estando con unos tragos encima?

P. No me acuerdo... pero mi mujer dice que sí. Una vez ella tenía la cara hinchada, con moretones, y cuando yo le pregunté qué le había pasado, ella me dijo que yo le había pegado ...pero yo no me acuerdo... esa vez yo había tomado un poco de más.

En este fragmento se aprecia la *negación* del entrevistado a aceptar su problema de *abuso de sustancias y maltrato*. Primero *minimiza* su consumo de alcohol tanto en relación con la cantidad que ingiere como por el *uso de los diminutivos* ("vasitos", "un poquito más"). Luego oculta, niega, su *comportamiento violento* al señalar no recordarlo, *minimizando* el recuerdo de su esposa. Finalmente, asume que en esa oportunidad había consumido de más *externalizando su responsabilidad* en su conducta abusiva en el alcohol.

Otro ejemplo del mismo rasgo:

Entrevist.: ¿Toma de vez en cuando?

J: Un vasito que otro… a veces tomo un poquito más…

Entrevist.: ¿Qué piensa su mujer de esto?

J: No le gusta para nada, se enoja y no me habla…

Entrevist.: ¿Y usted qué hace?

J: Me pone loco que ella no me hable… yo le hablo, le hablo y no me contesta… Antes me enojaba mucho con ella, pero ahora me dice "¡Salí de acá!", me echa… A veces me voy a dormir, pero otras veces me voy al bar con los muchachos…

Entrevist.: Y en el bar, ¿sigue tomando?

J: Un poco, para olvidarme, porque no aguanto que ella me rechace, me eche.

En este párrafo se aprecia nuevamente la *negación* del problema del alcoholismo, referido tanto a la *frecuencia del consumo como al uso de diminutivos*: "vasito", "un poquito más".

La *negación de su conducta adictiva* instaura en el entrevistado la *ceguera selectiva*. No logra comprender que el enojo de su esposa, el no hablarle, es la respuesta a verlo alcoholizado. No puede establecer esta asociación. Es por ello que efectúa la *externalización de la culpa* en su esposa, la cual lo rechaza y echa.

Finalmente vuelve a ejercer la *externalización de la culpa* en su mujer cuando justifica el juntarse con los amigos en el bar y seguir tomando ("para olvidarme, porque no aguanto que ella me rechace, me eche"). Sin embargo, con esta última frase vuelve a *minimizar* su consumo de alcohol cuando se lo interroga acerca de si sigue tomando en tales circunstancias, frente a lo que responde: "Un poco".

Capítulo 6

ASPECTOS COGNITIVOS

Mónica Liliana Dohmen

Personalización/Generalización. Uso del lenguaje en tercera persona. Uso de condicionales

La *restricción emocional*, la *racionalización de los sentimientos* y la *inhabilidad comunicacional* se deducen del empleo de esta característica en el discurso de los hombres golpeadores.

Estos hombres *generalizan* su propio accionar con la intención de *justificar* la violencia. Esta estrategia requiere la intervención del coordinador/entrevistador para *personalizar* en ellos su problema. Se intenta de este modo que asuman su comportamiento, para que no quede justificado el abuso.

La tendencia de estos hombres es *hablar en tercera persona*. Emplean el "usted" con el terapeuta con el fin de comprometerlo y hacerlo cómplice de su accionar. No hablan de sí mismos ni usan la primera persona del singular para autoaludirse.

Otra manifestación frecuente del lenguaje que implementa el agresor es hablar en condicional ("si…") como si fuera una eventualidad, una condición, una posibilidad. Los señalamientos del profesional están dirigidos a centrar al entrevistado en sí mismo y a que no se exprese en potencial, puesto que no da certeza ni afirma lo que ocurrió, quedando definido como una posibilidad o condición de posibilidad.

El entrevistador debe tratar al hombre violento como un sujeto con problemas, pero sin encasillarlo ni ponerle una etiqueta. Se lo debe abordar como el único en la Tierra y no como uno más de los golpeadores, puesto que si ellos perciben la estigmatización, se cierran y se niegan a asistir al tratamiento, porque se los está categorizando. Esta estrategia se implementa con el objeto de comprometerlos con el tratamiento, al haber hallado un espacio donde se sienten comprendidos. Ello no excluye el tratarlos con firmeza y límites, en oportunidades futuras.

Para ilustrar este tema se tomarán algunos fragmentos de distintas entrevistas a maridos violentos:

Coord.: ¿Usted está pendiente de hacer algo por sí mismo, independientemente de su señora?... Porque aunque se separe de su mujer, sigue siendo la misma persona.

A: Toda persona que viene acá, va a hacer un curso, viene para eso.

En este ejemplo se puede observar que a pesar de que el coordinador le hace una pregunta dirigida a su persona, el hombre contesta *de forma impersonal* y en *tercera persona* ("toda persona"). De esta manera, además, está generalizando la situación para todos los que asisten al servicio, pero no establece un compromiso en relación con la formulación particular y personalizada que se le hizo. Por otra parte, niega su problema al mencionar que concurriría a un curso –como si fuera a aprender conceptos intelectuales– y no a un tratamiento para modificar su conducta. Despersonaliza su problema y generaliza el aprendizaje que ofrece "ese curso" a toda persona que asista a él.

En otro fragmento de la misma entrevista, se ve plasmada esta característica:

Coord.: ¿Cómo es la forma en que usted viene ahora, viendo lo que pasó?

A: Si a usted le pasa…

Coord.: Hable de usted mismo y no se refiera a mí, diciendo "usted"

A: Si yo hago…

Coord.: No hable en condicional, como una eventualidad de que pasara. Hable de lo que pasó.

A: No estoy acostumbrado… (silencio largo)… Cuando una persona.

Coord.: ¿Qué persona?

A: Mi mujer.

Este ejemplo grafica claramente el rasgo que se viene conceptualizando.

Ante la primera pregunta, el entrevistado contesta *despersonalizadamente* ("Si a usted"), refiriéndose al coordinador. Esto responde a la búsqueda de alianza y complicidad. Frente al señalamiento del coordinador, el hombre acota: "Si yo hago", y vuelve a *usar el condicional* que denota posibilidad, pero no afirma lo que ocurrió. Lo emplea como la posibilidad de que ocurra algo. Se aprecia así que aunque modifica el sujeto de la oración –al usar el pronombre personal de primera persona–, habla de una situación eventual, que no sucedió. Ante un nuevo señalamiento del profesional, se justifica diciendo "No estoy acostumbrado" y hace un largo silencio para *racionalizar*, encontrar el *pensamiento lógico* frente a lo que se le demanda.

Finalmente, vuelve a usar la despersonalización para referirse a su mujer, quitándole el valor o la certeza al accionar de aquélla, cuando dice: "Cuando una persona". Frente a la intervención del terapeuta, contesta que se trata de su esposa.

El próximo ejemplo permite apreciar que el mismo entrevistado vuelve a incluir en su discurso al coordinador con el objeto de establecer alianzas, y a usar el condicional:

A: Si ..., si a usted…
Coord.: Hablemos de usted.
A: Si a mí me clavan un cuchillo, no..., mejor dicho dos, y me apuntan con un revólver … Yo le tuve que pegar una patada y se calmó.

Aunque en la última parte de este fragmento el entrevistado personaliza el hecho en sí mismo, la situación permanece como una eventualidad potencial. Es notable que esa posibilidad se refiere al accionar de la mujer, pero lo concreto es que fue él quien empleó la violencia: "Yo tuve que darle una patada". Se aprecia luego la autojustificación que instrumenta, como habiendo tenido que actuar por "obligación".

En otro fragmento de la entrevista, A acota:

A : Si hice algo malo no fue consciente, quiero cambiarlo.

En esta expresión se aprecia, en primera instancia, una *no respon-sabilización del accionar violento* de este hombre. No se autoasume como haciendo algo que perjudicó a otro: en la forma en que lo relata, el hecho de haber perjudicado a la esposa es una posibilidad eventual. La *desresponsabilización* del hecho se acentúa cuando continúa diciendo que "no fue consciente". Él se autodetermina inimputable, pues se justifica diciendo que no tenía conciencia de lo que hacía, y logra de esta manera *minimizar* su accionar. En síntesis, se *justifica, minimiza* el hecho, *no asume responsabilidad* sobre el mismo.

En distintos párrafos de la entrevista a otro hombre golpeador, también se observó este rasgo.

C: Pero el último tiempo yo le empecé a pegar y ahí se empeoró la relación... Si yo fuera otro, le rompo la cabeza a trompadas, pero yo no quiero pegarle.

Se aprecia en un primer momento que asume que ha actuado con golpes ("yo le empecé a pegar"), personalizando su accionar. Pero de forma inmediata descalifica lo dicho, y agrega "ahí se empeoró la relación", puesto que no se considera como el responsable del deterioro vincular de forma directa. Por otra parte, *descalifica su primer intento de personalización* cuando hace una *generalización* del accionar violento en los hombres, *justificando* y *minimizando* lo que él hizo en relación con lo que harían los otros miembros del género masculino.

En la misma entrevista:

Coord.: ¿Qué pasó para llegar a esta situación?
C: Pasaron muchas cosas, maltratos, golpes.

Aquí vemos nuevamente que este señor *no personaliza* lo que lo lle-vó a esta situación. Parece como si los maltratos y los golpes hubieran acaecido solos, puesto que él no se personaliza en su accionar violento.

Definiciones rígidas de masculinidad y feminidad

Los varones aprenden desde la niñez a resolver los conflictos de forma violenta. A ello se suma la influencia de los medios de comunicación, que aprueban esa modalidad para la resolución y concreción de un problema determinado.

Se aprecian conductas disímiles entre niñas y varones pequeños. Las niñas particularmente asumen la responsabilidad de su fracaso. Los varones, por el contrario, lo adjudican a circunstancias ajenas a su persona, expulsan su responsabilidad de los hechos.

Corsi afirma que esta caracterización, presente en el juego de niñas y niños, se desplaza a los adultos y a la situación conyugal: el hombre tiende a eludir su responsabilidad, justificando y minimizando su conducta violenta, en función de comportamientos o ausencia de actitudes de provocación que atribuye a la mujer. Por tal motivo, el tratamiento de los maridos agresores incluye trabajar sobre el sistema de creencias y estereotipos de género. Ellos funcionan como el basamento que condiciona estructuras de dominación.

Los hombres golpeadores se apoyan en los valores culturales, basados particularmente en los mitos de la masculinidad que definen cómo "debe ser *El Hombre*". Desde esta posición necesitan tener el control, la dominación y la jerarquía con respecto a la mujer, a la cual subordinan y someten para mantener el *status* descripto. Esta concepción sexista se encuentra enraizada profundamente en los maridos violentos, y es de difícil modificación debido a la imagen que muestran, basada en la igualdad de los sexos y en la equidad de derechos.

El sexismo que caracteriza a estos hombres resulta ser una de las múltiples causas que determinan la violencia, así como también uno de los elementos básicos sobre los que ésta se apoya.

David Currie (1991) afirma que, en su experiencia, logró captar que en los agresores la adhesión rígida al estereotipo tradicional de género producía estrés y aislamiento. Por otra parte, las preocupaciones sobre el rendimiento, el progreso y su necesidad de tenerlo todo controlado los limitan, determinando una relación insatisfactoria con su pareja.

Sonkin, Del Martin y Walker (1985) afirman que en el tratamiento de estos hombres trabajan sobre el hecho de que aceptar lo femenino no significa perder lo masculino, sino que implica poder incrementar opciones para enfrentar una situación. Además, argumentan que el grupo funciona como el espacio donde los hombres golpeadores refuerzan entre ellos mensajes acerca de lo masculino, y por tal motivo es de suma importancia que aprendan y puedan incorporar los propios sentimientos.

En este sentido, la socialización masculina tiene enorme influencia puesto que los hombres son "educados" para la violencia en todas sus relaciones, teniendo que reproducir esa imagen para ser considerados "verdaderos hombres". La misma sociedad los impulsa a cumplir con el "deber ser": el hombre siempre es racional y conoce todas las respuestas; nunca evita el enfrentamiento; tiene una carrera exitosa y hace mucho dinero; siempre está para mantener a la familia, es duro, fuerte, no expresa los sentimientos; nunca falla. Estos rasgos son aún más rígidos e inflexibles en los maridos violentos, quienes, para mantener oculta su dependencia, inseguridad y debilidad recurren a la violencia doméstica, que les permite sostenerse en el estereotipo.

Se describen a continuación algunos ejemplos de este rasgo:

A: Me sorprendió la actitud de mi señora, de llamarme hombre golpeador, de pedirme el divorcio. No estoy dispuesto ni de acuerdo en llevar a cabo la separación, sin encontrar otras salidas.

En este fragmento se aprecia la *rigidez en las definiciones de lo femenino y lo masculino*. Se muestra sorprendido por la denominación de "hombre golpeador" que le hace su esposa, ya que él considera que es *El Hombre* quien debe llamar las cosas por su nombre, significarlas como corresponda. Con esta actitud, además, niega su comportamiento abusivo y violento. Por otra parte, no reconoce que necesita ayuda y trata de desplazar esa necesidad a un tratamiento para la mujer. Finalmente, se afirma en el estereotipo masculino: se atribuye rígidamente el lugar de *jefe* de la mujer, *jefe* de la familia, de *juez*, al decir: "No estoy de acuerdo en llevar a cabo la separación, sin encontrar salidas". No acepta otro rol para la mujer que el tradicional femenino de sumisión y sometimiento, porque sólo *El Hombre* es quien toma las decisiones. Es por ello que él decide sobre la separación. No toma en cuenta, no tiene en cuenta, la decisión de la mujer. Él decide por los dos, porque la esposa es como si sólo fuera una parte suya. Él es la ley. La ley está impuesta por su determinación, sólo por él.

Otro ejemplo característico del mismo rasgo:

A: Trabajé 17 años; mi mujer, igual. Muy honestamente logré tener mi casa y mi auto.

Este fragmento denota nuevamente *la rigidez en las definiciones de lo masculino y lo femenino*, ya que aun reconociendo que la mujer trabajó a la par suya, los logros y los éxitos de tener una casa y un auto los denota como propios. Incluso se aprecia que al emplear el adjetivo posesivo de primera persona ("mi"), los considera como propiedades suyas exclusivamente. De esta forma anula el trabajo, la producción de la mujer, como proveedora económica participante de los bienes obtenidos.

En la misma entrevista, A refiere:

A: Quiero hacer cualquier cosa lógica para solucionar la situación.

Este hombre muestra su imposibilidad de comprometerse con un tratamiento para sí mismo. Su intervención en el problema la hace a través de decir: "hacer cualquier cosa lógica", lo cual muestra las características de *racionalidad, control* y *dominación* del problema, y la *necesidad de establecer logros* frente a la ausencia, la dificultad para expresar y demostrar sus propios sentimientos, *restricción emocional* para poder resolverlo. Esto demuestra la *definición rígida que hace de la masculinidad* para poder sostenerse desde ese lugar.

En el mismo entrevistado vuelve a visualizarse este rasgo:

A: Mi señora, las declaraciones que hace son correctas. Yo no voy a falsear algo. Lo que en el fondo más me preocupa es la situación emocional de mi mujer.

En este fragmento se aprecia cómo el entrevistado llega a contradecirse, primero avalando "las declaraciones" de su mujer, y luego descalificándola por la "situación emocional" de ella. Este hombre corrobora las declaraciones desde lo *racional*, ubicándose de *forma rígida en el estereotipo masculino*, pero no sólo intenta *justificar* su accionar sino que deposita la problemática en la mujer e instaura la *rigidez del estereotipo femenino*, ya que la expresión emocional es ámbito exclusivo de ese sexo. De esta manera, establece la sinonimia *sexo = género*, como "*naturalmente*" establecida.

Esto se refuerza cuando refiere:

A: Ella es de fácil alteración, muy violenta, hasta llegar a actitudes que, desde mi punto de vista, son irracionales.

Su visión en este fragmento es desde una postura *racional*, apropiándose de la racionalidad de su mujer y adjudicándole, en consecuencia, conductas "*no racionales*". Esto también señala su *rigidez en la caracterización de la masculinidad y la feminidad*, pero lo que intenta a su vez es hacer pasar a la mujer por loca y obtener la complicidad del coordinador.

Otro sujeto muestra este rasgo en un párrafo de su entrevista:

B: En lo afectivo estoy mal.
Coord.: ¿Por qué?
B: Siento falta de afecto de ella.
Coord.: ¿Cómo le gustaría que fuera el afecto de ella?
B: Antes, me quiso demostrar un afecto cuando nos casamos, pero no sé, yo no pude. Cuando yo trato de besarla, de acercarme a ella, se pone mal, me contesta mal.
Coord.: ¿Sigue sin tener relaciones?
B: Muy poco; antes había.

En este fragmento se aprecia que este hombre se siente mal en la esfera afectiva, porque su mujer no le responde con las características de expresión de los sentimientos de afecto que marca el estereotipo. Él no puede comprender la actitud de la mujer, puesto que, tal como lo considera a este rasgo, hace *definiciones rígidas de la feminidad*. En consecuencia, él tampoco puede expresar sus sentimientos, ubicándose en una *definición rígida de la masculinidad*, primero porque no puede (cuando la mujer le demostraba afecto), y ahora, porque no sabe relacionar el cambio de actitud de su mujer como resultado de su conducta violenta. Finalmente, refiere mantener relaciones sexuales ("Muy poco; antes había"), cuestión bastante improbable por lo que refiere anteriormente: "Cuando yo trato de besarla, de acercarme a ella, se pone mal, me contesta mal". Esto es otro indicio de la *necesidad de ubicarse en el estereotipo masculino*, expresando *características rígidas de la masculinidad*, puesto que para *ser hombre* se *deben tener* relaciones sexuales, necesitando sostenerse desde los mitos de la sexualidad masculina.

Otro ejemplo de esta característica:

C: Tuve otra chica que también estuvo embarazada, pero ella se hizo un aborto… Pero con ésta nos fuimos a vivir juntos.

Aquí se ve el lugar de inferioridad en que ubica a las únicas dos mujeres que tuvo como parejas. A la primera se refiere diciendo "otra chica", como si fuera su empleada; alude a la segunda diciendo: "Pero con ésta", como si ambas mujeres fueran intercambiables. Indudablemente para este hombre lo son, ya que lo importante para él es sólo tener una mujer al lado, sin importarle cuál. Ninguna de estas dos mujeres está en un lugar de paridad, él se ubica en una *posición de superioridad* en relación con ellas, típica de la *rigidez con que define la masculinidad y la feminidad*.

Minimización y justificación

Tal como refiere David Adams (1989), la sociedad en la que vivimos con estructura patriarcal subestima la vida doméstica, y trae aparejada una respuesta en los hombres golpeadores: la de no esperar que su comportamiento violento hacia las mujeres sea condenado, ni siquiera tomado en cuenta. La actitud de estos hombres que consideran que el maltrato que ejercen hacia las mujeres no pertenece a la esfera pública responde al sistema cultural y social en que nos encontramos inmersos.

Generalmente, los esposos agresores no se describen a sí mismos como hombres que golpean a sus esposas. La tendencia a minimizar los problemas de su propia violencia es comparada por David Adams con los patrones de negación de las personas que abusan del alcohol y las drogas. Los golpeadores *minimizan* incluso su violencia al compararla con la de sujetos que atacan brutalmente a las mujeres en la calle.

Estos hombres, además de rechazar la caracterización de "abusador de la mujer", estiman la intensidad de su violencia en grados ínfimos, insignificantes y circunstanciales.

Así como algunos hombres racionalizan su violencia, otros directamente mienten sobre ella o la ocultan.

Esta característica de los esposos agresores de *minimizar* y hasta *negar* la frecuencia y severidad de su conducta, determina la necesidad de que el terapeuta de estos hombres deba recurrir a la esposa, particularmente durante la fase diagnóstica, para que sea ella quien describa exactamente lo que en realidad sucedió, tal como lo señala Adams.

Sonkin y Durphy (1982) acuerdan con la caracterización de este rasgo, y observan que cada hombre que utiliza la violencia en el ámbito intrahogareño argumenta sus propias razones para *justificar* ese comportamiento. Pueden ser de diverso tipo, pero siempre apuntan a culpabilizar a la víctima. Pero ninguna de estas razones que construye el golpeador para defenderse, justificarse y minimizar la violencia que ejerce es justificable o no condenable, ni lo exculpa de su responsabilidad.

Es importante comprender la conducta actual del agresor, tomando la historia familiar donde probablemente aprendió y aprehendió la violencia, para poder ayudarlo en su tratamiento. Pero cabe aclarar que el hecho de que este hombre haya padecido la violencia doméstica en su familia de origen, ya como víctima o como testigo de malos tratos, no justifica su propia violencia ni lo ubica en una situación actual de víctima. Se trata de momentos evolutivos distintos. La riqueza que otorga conocer estos antecedentes permite darles la orientación adecuada y posibilitar el tratamiento específico para su problemática.

La estrategia de comunicación que emplean los hombres golpeadores está orientada a no contestar a lo que se les pregunta, a irse por las ramas, para *minimizar* y *justificar* su accionar violento.

Estos hombres intentan justificar la violencia responsabilizando de su accionar a cualquier motivo o situación. Las modalidades van desde algo que hizo o dejó de hacer su mujer hasta algo que les ocurrió en el trabajo, con un vecino, amigo, etcétera.

Los golpeadores *justifican* su conducta violenta con variadas cuestiones: pérdida del control; provocaciones de la esposa; definir la situación con igualdad de responsabilidades respecto de sus conductas violentas. Minimizan y trivializan no sólo los actos violentos sino los efectos y las consecuencias que provocan en la esposa.

Algunos ejemplos de este rasgo se ilustran en los siguientes fragmentos de entrevistas a golpeadores:

Coord.: Hablemos de usted.

A: Si a mí me clavan un cuchillo, no…, mejor dicho dos, y me apuntan con un revólver… Yo le tuve que pegar una patada y se calmó.

Coord.: ¡Y claro!, ¡¿con una patada?!

A: No, una patada en el tobillo… Yo pegué, soy pegador.

En este ejemplo se puede apreciar con claridad la *justificación* y *minimización* del accionar violento de este hombre. Primero comienza justificando su accionar al adjudicarle a la mujer de forma entre metafórica y sarcástica la ejecución de la violencia, a través de dos tipos de armas: revólver y cuchillo. Luego explica su actitud argumentando estar condicionada por las circunstancias; la presenta como "necesariamente obligatoria": "Yo le tuve que pegar una patada". Este señor, incluso, marca el fin de la violencia que adjudica a su mujer luego de su intervención: "Yo le tuve que pegar una patada y se calmó".

Cuando el coordinador interviene aclarándole que era lógico que la mujer se calmara, el hombre entrevistado *minimiza* su actitud violenta diciendo: "No, una patada en el tobillo".

Este entrevistado vuelve a *minimizar* su comportamiento violento cuando define su actitud y se autocalifica diciendo: "Yo pegué, soy pegador". Esto marca una diferencia respecto de si hubiera asumido el ser golpeador diciendo: "Yo golpeé, soy un golpeador". Pegar y ser pegador es muy diferente, pues la agresión está connotada de forma mucho más reducida que golpear y ser golpeador.

En la misma entrevista:

Coord.: Usted me está contando lo que no influyó para llegar al divorcio.

A: Tengo un antecedente grave de infidelidad, pero no amoroso. Una mujer llegó a extorsionarme. Esta mujer llamó a mi mujer. Este episodio pasó hace cinco años. Después de esto, ningún otro tipo de antecedentes.

En este ejemplo se aprecia claramente la necesidad de este hombre de *justificar su accionar*. Para empezar, *niega* la situación de violencia que ejerce sobre la mujer, que la llevó a pedirle el divorcio. Remite, pues, la actitud de su mujer a un episodio de infidelidad, *minimizándolo* al acotar: "pero no amoroso". Este hombre le quita la carga del amor al episodio de infidelidad, *minimizando* su accionar, y finalmente *externalizando la culpa* en la mujer que lo quiso extorsionar llamando a su esposa. Este episodio de infidelidad a su vez es minimizado al agregar que ocurrió hace cinco años y, como después de esto no tiene otro antecedente, tal como refiere, vuelve a *externalizar la culpa* depositándola en su esposa, ya que para él su mujer no' tiene motivos para divorciarse, es decir niega su propia violencia.

En la entrevista a otro hombre golpeador se observa nuevamente este rasgo:

B: No pasó nada... Así me han superado muchas cosas, nervios... Yo soy débil.

En este ejemplo se manifiesta nuevamente *la negación* del entrevistado a aceptar la violencia que ejerce contra su mujer. Él la *justifica* por "nervios", así como también por la caracterización que hace de sí mismo: "Yo soy débil". Se ubica en una posición inferior para dar lástima, en la posición de víctima.

Otro ejemplo de *minimización* y *justificación* de la conducta violenta se observa en la entrevista a otro hombre golpeador:

C: Ella me rasguña, me pega y ese día le pegué. Le dije que fuéramos a pelear afuera, porque no quería problemas en la casa de la madre.

Coord.: ¿Ella estaba embarazada?

C: No, ya había tenido a la nena, hacía 15 días. Ella quería irse a lo del hermano, pero yo no quería, porque si el hermano la veía así [golpeada] se iban a empeorar las cosas.

Éste es un nítido ejemplo de *minimización* y *justificación*. Este hombre comienza *justificando* su accionar violento al *externalizar la culpa* en su mujer como provocadora de la violencia, porque ella lo agrede físicamente (rasguña, pega). Se puede apreciar la modalidad que emplea el entrevistado en su discurso como típica del estereotipo masculino, pero dirigida a otro hombre: "Le dije que fuéramos a pelear afuera". De esta manera, *minimiza* su comportamiento violento al ubicar a la mujer como su par respecto de la violencia que puede ejercer, como si la mujer fuera otro hombre con el que, desde lo que marca el estereotipo de género, debe arreglar los problemas "afuera" y "a golpes". Cuando el coordinador le pregunta acerca de si la mujer recibió los golpes estando embarazada, éste vuelve a *minimizar* el episodio y refiere que no lo estaba, pero sólo habían transcurrido quince días del parto. Por su relato, se puede vislumbrar que la mujer presentaba lesiones visibles importantes y que por tal motivo evitó que la viera el hermano.

Este mismo hombre argumenta ante una intervención del coordinador:

Coord: Pareciera, por todo lo que cuenta, que toda la convivencia con ella nunca fue agradable.

C: Sí, se puede decir así, pero era el problema y después estábamos bien. Pero el último tiempo yo empecé a pegar y ahí se empeoró la relación... Si yo fuera otro, le rompo la cabeza a trompadas, pero no quiero pegarle.

Éste es otro típico ejemplo de *minimización* y *justificación*. Primero *minimiza* su actitud violenta al hablar de "pegar" y no de "golpear", *justificando* que la relación empeoró, pero sin atribuirse la responsabilidad de su comportamiento. En la última frase de este fragmento de la entrevista ("Si yo fuera otro, le rompo la cabeza a trompadas") no sólo *minimiza* los malos tratos que ejerce sobre su esposa sino que se *autojustifica* si llegara a hacerlo, al *generalizar esta conducta como típica del Hombre*, de cualquier hombre, del *comportamiento masculino*. Finalmente continúa *minimizando* su actitud ("pero no quiero pegarle"), aunque en palabras anteriores afirmó su conducta violenta. Lo que está diciendo es que si le pega es porque ella lo provocó. *Responsabiliza* a la mujer de su propio accionar.

El mismo entrevistado continúa caracterizando este rasgo en el siguiente párrafo:

JC: Ella me dijo que tenía que ir a un psiquiatra y yo le dije que lo haría para volver a estar juntos, y que ella me tenía que ayudar... yo sé... pero yo voy a ir a un psiquiatra para que me ayude ella a un tratamiento.

Este hombre usa el pretexto de que necesita ayuda cuando la mujer le dice que vaya a un psiquiatra. De esta manera él minimiza el problema, aduciendo que hay que arreglarlo entre los dos, para arreglar la pareja.

Negación

Este rasgo de los hombres golpeadores se relaciona con el de *minimizar* y *justificar* la conducta violenta.

Cuando los hombres golpeadores niegan la violencia, se les trae la información que se tiene acerca de que su mujer es maltratada, pero preservando el origen de la fuente de donde se obtuvieron los datos. El objeto es no incrementar la furia contra la mujer y evitar que orienten los golpes físicos hacia ella. El sentido de esta intervención tiene como fin volverlos a la realidad.

Estos hombres suelen negar los actos que se les imputan, aun aquellos por los cuales fueron acusados o convictos. Son muy pocos los agresores que reconocen su problema. En ese sentido, la gama de hombres violentos va desde aquellos que racionalizan su violencia hasta los que la niegan por completo, es decir mintiendo y ocultando elementos sobre su conducta.

Los hombres golpeadores buscan *generalizar* su conducta, recurren a cualquier *justificativo* o circunstancia para *negar* su responsabilidad en los actos de ejecución violenta contra su cónyuge o su pareja. Por eso, seguida a la negación de su responsabilidad se da en aquellos la utilización de argumentos y racionalizaciones para sostener esta negación de su violencia.

Se describen a continuación algunos fragmentos que caracterizan este rasgo:

A: Mi señora me acusa de golpeador.

Coord.: ¿Usted no está convencido de que necesita ayuda?

A: Ante determinadas circunstancias, un ser humano pierde la seguridad.

En este párrafo se observa que el entrevistado adjudica la caracterización de su persona a su esposa, sin asumirse como tal. Esto se reafirma cuando en su segunda intervención *no se personaliza* como necesitando ayuda, sino que *generaliza* la situación al decir: "Ante determinadas circunstancias, un ser humano pierde la seguridad". Esta frase igualmente le sirve para *negar* su conducta violenta, puesto que de esta forma afirma tener conocimientos de lo que ella comprende, pero no se define dentro de la caracterización que le hizo la mujer.

En la misma entrevista, A continúa caracterizando este rasgo:

A: Quiero hacer cualquier cosa lógica para solucionar la situación.

Coord.: ¿Qué es cualquier cosa lógica?

A: Me sorprendió la actitud de mi señora, de llamarme hombre golpeador, de pedirme el divorcio.

En este entrevistado se aprecia una *negativa absoluta* a reconocerse como golpeador, y llega a manifestar su sorpresa por la actitud de su mujer al caracterizarlo de ese modo. Esta cuestión denota además la *ceguera selectiva*, la imposibilidad de comprender que su conducta produce determinadas reacciones en la mujer. Este rasgo será explicitado más adelante.

En otro fragmento de la entrevista se aprecia nuevamente el rasgo de la *negación*:

A: Si hice algo malo, no fue consciente...

En esta frase el entrevistado *niega* su comportamiento violento, y abre una posibilidad de que tal vez pudo haber hecho algo malo –*minimiza* el hecho–, pero lo *justifica* al decir "no fue consciente", es decir como un episodio "puntual" e "irracional" que podría tener cualquiera, pero no como un comportamiento abusivo cotidiano y cíclico.

El mismo entrevistado continúa describiendo esta caracterización:

A: Lo que en el fondo me preocupa es la situación emocional de mi mujer, y no es la primera. Si ella se hubiera superado, yo no estaría acá.

Con este nuevo párrafo el entrevistado vuelve a negar su comportamiento violento. Él aduce su presentación en el Servicio debido a la "situación emocional" que presenta su mujer. Su preocupación por ella es lo que lo hizo ir a la institución asistencial, sin asumir su responsabilidad frente a su conducta violenta. Intenta caracterizarse como el buen esposo que asiste a la institución porque su mujer no está bien emocionalmente: "Si ella se hubiera superado, yo no estaría acá'". Así, *niega* nuevamente su responsabilidad frente a su conducta agresiva para con la esposa.

Otro ejemplo del mismo rasgo en la entrevista a otro golpeador:

B: Está todo normal.
Coord.: ¿Qué es normal?
B: No pasó nada.

En este otro entrevistado se observa la *negación* a aceptar su conducta violenta, incluso caracterizando la situación como normal. Su definición de lo normal es: "No pasó nada".

Externalización de la culpa

La mayoría de los hombres golpeadores consideran las causas de la violencia fuera de su responsabilidad, atribuyéndola a factores ajenos a sí mismos. Para David Adams (1989) éste es el patrón de manipulación más común del agresor, que culpabiliza a la esposa por su propia violencia. La negación de su responsabilidad en la ejecución de la violencia y el empleo de argumentos o racionalizaciones que la justifiquen aparecen como elementos típicos en el perfil de estos hombres.

A continuación se ilustra este rasgo, con algunos fragmentos tomados de entrevistas a golpeadores:

A: Lo que en el fondo me preocupa es la situación emocional de mi mujer, y no es la primera vez que ocurre… Si ella se hubiera superado, yo no estaría acá.

Como se observa, este señor deposita la culpa en el "estado emocional" de su mujer, *responsabilizándola*. Al hacer alusión a su esposa como si estuviera desequilibrada, se ubica en la posición del "*buen marido*" que desea ayudarla a "superarse". El entrevistado no habla de la preocupación por su propia violencia, sino que la deposita fuera de sí, y aduce "estar preocupado" por las causas que crean ese malestar: su mujer.

En la misma entrevista, A acota:

A: Mi señora *me* acusa de golpeador … Ella es de fácil alteración, muy violenta. Hasta llega a actitudes que, desde mi punto de vista, no son racionales.

De esta manera, este hombre se constituye en juez de la situación, porque no sólo deposita la culpa en la mujer sino que la define como "alterada", con actitudes "no racionales"; en síntesis, como *loca*. Para erigirse en el lugar de juez, establece una jerarquía personalizada de poder y saber sobre la cuestión. No asume el ejercicio de su propia violencia; caracteriza a su esposa, por el contrario, como su ejecutora y se ubica, en consecuencia, como "*la víctima*" de su mujer, "*la victimaria*".

Su intención de posicionarse como víctima la refuerza con esta otra frase:

A: Ella promueve situaciones para que yo grite, reaccione; si no, tengo que irme de la casa por un rato y volver, para evitar situaciones agresivas.

En este fragmento el señor intenta significar no sólo "la violencia que la mujer ejerce sobre él", sino que la señala como "provocadora" de esas situaciones. Intenta delimitar, de este modo, un sistema familiar con la existencia de *violencia cruzada* (ejercida de forma paralela por ambos miembros de la pareja), para lograr la *externalización de la culpa*, manipulando la situación a través de la *doble fachada*.

En otro fragmento de la entrevista, el mismo hombre continúa caracterizando este rasgo:

A: Yo... había una libretita de mi mujer, que encontré por casualidad, y allí hablaba de los sentimientos de ella hacia otra persona, y cuando la enfrenté a mi mujer, se puso muy mal, pero yo le creo a mi mujer, hasta que no se demuestre lo contrario.

Este párrafo está referido a la separación que la mujer pretende obtener de él. Este hombre la *culpabiliza* de querer el divorcio porque lo engaña con otra persona, pero como su objetivo de acercarse a la institución asistencial es *lograr el retorno de su esposa*, al final del fragmento se contradice, y señala la ausencia de pruebas y su confianza en ella ("hasta que no se demuestre lo contrario").

En esta frase se observa, además, la posición de juez que vuelve a asumir, al cuestionar a su mujer por los contenidos de la libreta. De esta manera, también *externaliza la culpa* hacia su pareja, *justificando* cualquier situación de violencia que él pudo desencadenar, puesto que aquélla "hablaba de sentimientos hacia otra persona".

Otro ejemplo de *externalización de la culpa* del hombre golpeador, pero en el que no habla directamente de la mujer sino del cambio de su conducta después del casamiento, carga de forma más velada la culpa sobre su esposa, no sólo desde su visión sino desde la mirada de sus primos, según este entrevistado refiere.

Apelar a otras figuras que sostengan su discurso tiene como objeto que éste sea más creíble para confirmar su relato, y *responsabilizar* a la mujer desde dos ángulos: el propio y el de sus primos.

Coord.: Anteriormente a casarse, ¿tomaba medicación?
B: No, al año de casarme... Mis primos me dicen: "¡¿Cómo?! ¡Vos tomando medicación!". Antes era distinto... tranquilo.

Coord: ¿Cómo era antes?

B: No sé, mis primos dicen que era diferente. Yo era más tranquilo.

En otro fragmento de la misma entrevista:

B: Si ella cambia, yo cambio.

Aquí se ve la necesidad de *responsabilizar a la mujer* por su conducta, y que es ella la que "*debe cambiar*" para que, en consecuencia, él adopte otro comportamiento.

Podemos ver otro ejemplo en la entrevista a C:

Coord: ¿Usted a qué le atribuye el problema que tiene?

C: Ella es mayor que yo. Yo tengo 26 y ella, 32. Nos conocimos en un sanatorio en el que estábamos trabajando... Los compañeros le decían que me dejara, que yo era un chico para ella. Ella no quería hacerse ver en el trabajo, en el estudio –porque estudiaba secundaria, ella–; teníamos que salir a escondidas.

En este ejemplo se ve claramente cómo C. *deposita la culpa* de su propio problema en la mujer, en la diferencia de edad y en las actitudes complementarias que él asumía por esa razón. Esto no sólo consistiría en una manera de *externalizar la culpa* respecto de su propia violencia, sino como una forma de *justificar* su accionar.

Otro ejemplo sumamente esclarecedor en la entrevista al Sr. C respecto de este rasgo:

Coord.: ¿Qué hacía cuando algo de eso no le gustaba?

C: Yo le decía que "no salía".

Coord.: ¿Le prohibía salir?, ¿usted se lo decía y ella obedecía?

C: Sí, pero después ella se empezó a cansar, y empezaron las peleas... Después perdí el trabajo porque amenazaba irse y tuve problemas hasta que me echaron.

En este párrafo se denota claramente la *externalización de la culpa* que ejerce C. con respecto a su mujer, puesto que no es él, desde su óptica, el que provoca el malestar en la pareja cuando le prohíbe salir a su mujer, sino que la *responsabiliza* a ella porque se cansa de la situación que él impuso y "empezaron las peleas". Evita asumir la responsabilidad que le corresponde por el *control extremo* que ejerce sobre su mujer, y refuerza esta *culpabilización* cuando aduce que perdió el trabajo porque ella amenazaba con irse de la casa. Él deposita en ella esta responsabilidad, *sin asumir que el excesivo control* que le imponía a su pareja lo llevó a dejar sus obligaciones laborales y perder el trabajo, como consecuencia de su único y exclusivo comportamiento.

Los argumentos de los agresores entrevistados revelarían, según David Adams y Rondeau, Gauvin y Dankwort, los intentos del agresor de desviar la atención de su comportamiento y sus propias intenciones. De esta manera, se presenta como víctima de la situación y ubica a su esposa/compañera en el lugar de victimaria.

A este rasgo característico de los golpeadores, *externalización de la culpa,* también se refiere Mercedes Rodríguez, al señalar que responsabilizan a los demás por todos los actos de los que ellos mismos son responsables.

Adjudicación de la violencia a la mujer. Afirmación de la existencia de violencia cruzada en la pareja

Los hombres golpeadores habitualmente describen en su discurso dos modalidades de violencia doméstica:

– La *violencia cruzada,* en la que ambos miembros de la pareja emplearían conductas agresivas, como modalidad vincular.
– El ejercicio del maltrato *como respuesta a la violencia que ejercería la esposa* contra ellos, llegando a adjudicarle la exclusividad de este comportamiento.

El profesional que trabaja con maridos violentos debe cuidarse de no caer en sus argumentos ni en su juego al creer que la mujer también golpea o que es sólo ella la que ejerce esta conducta.

Sonkin, Del Martin y Walker (1985) citan una de las frases típicas en el discurso de estos hombres: "Ella no es un ángel. Debería estar en tratamiento también".

De esta manera, los agresores responsabilizan del maltrato también a su pareja. Por este motivo, los autores mencionados diferencian el conflicto y el enojo de la violencia. Puntualizan, por otra parte, la importancia de que la mujer inicie un tratamiento como medio para frenar el comportamiento de su marido. El hecho de que la mujer no sea un ángel se debe a los años de violencia que padeció. La violencia no es justificable sino como autodefensa.

En este sentido, Mercedes Rodríguez (1990) afirma que son pocas las mujeres que golpean a su esposo. Se trata de una proporción mucho menor si se la compara con la de hombres que lo hacen. Muchas mujeres llegan a ser agresivas, como respuesta defensiva frente al ataque del golpeador. Esta resistencia no queda encuadrada como violencia doméstica, sino que configura un accionar *en defensa propia*.

Algunos ejemplos que ilustran esta característica:

A: Ella es de fácil alteración, muy violenta, hasta llegar a actitudes que, desde mi punto de vista, no son racionales... Ella promueve situaciones para que yo grite, reaccione... Si a mí me clavan un cuchillo, no, mejor dicho dos y me apuntan con un revólver... Yo le tuve que dar una patada y se calmó.

En este fragmento se aprecia que este hombre atribuye primero la *actitud de violencia como exclusiva de su esposa* y luego arguye una situación familiar de *violencia cruzada,* pero recalca que es su mujer quien provoca y comienza a ejercer la agresión, lo cual hace que él reaccione, justificando así el accionar violento.

Este hombre llega a atribuirle a la mujer el clavarle cuchillos y amenazarlo con arma de fuego, para caracterizarla como persona violenta. Pero en esa frase se aprecia el uso del condicional "si", que implica posibilidad pero no certeza de que su esposa lo haya efectuado. Lo mismo ocurre cuando dice "me clavan un cuchillo, no, mejor dicho, dos", tratando de exagerar la situación violenta y, con ésta, el grado de peligrosidad de su mujer frente a la *minimización* de su reacción a la cual se refiere *con sólo darle "una patada".*

En la entrevista a otro hombre golpeador también puede verse graficado este rasgo:

C: Una vez que habíamos peleado y yo estaba cansado de que ella me golpeara, estaba todo lastimado y yo le dije que no iba a salir hasta que ella se tranquilizara. Estábamos en un hotel.

En este ejemplo, el entrevistado, al describir la situación de *violencia conyugal, adjudica el maltrato físico a la mujer*, y se caracteriza a sí mismo como golpeado y lastimado. Él *minimiza* su propio accionar, refiriendo que lo único que hizo fue que "le dije que no iba a salir hasta que ella se tranquilizara".

En otro tramo de la misma entrevista se advierte mejor el comportamiento violento de este hombre:

C: Otra vez, cuando discutimos, y porque ella me pegaba, yo la até a la cama.
Coord.: ¿Con qué la ató?
C: Con la sábana. Le até las manos a la cama.

Aunque el entrevistado relata sus manifestaciones violentas y el control de su mujer –atándola a la cama–, se *justifica* al desplazar esta conducta en ella. Al adjudicarle el maltrato a la esposa, intenta describir un episodio de *violencia cruzada*.

C: Ella me golpea, me rasguña y me pega, y ese día le pegué: le dije que fuéramos a pelear afuera porque no quería problemas en la casa de la madre.
Coord.: ¿Ella estaba embarazada?
C: No, ella había tenido a la nena, hacía 15 días... Ella quería irse para lo del hermano, pero yo no quería, porque si el hermano la veía así, se iban a empeorar las cosas.

En este relato se aprecia que, pese a que primero acusa a su mujer de malos tratos, luego caracteriza con más realidad la verdadera relación de violencia que padece su mujer. Acota en primera instancia el ir a pelear afuera como si se tratara de un igual masculino, cuando se trataba de una mujer y habiendo pasado sólo 15 días de tener familia.

Finalmente, cuando dice "si el hermano la veía así, se iban a empeorar las cosas", C hace referencia al estado en que quedó su esposa después que él la golpeó.

Este análisis caracteriza la necesidad del entrevistado de desplazar la violencia como conducta propia de su mujer, para justificar su accionar agresivo.

Ceguera selectiva

La *ceguera selectiva* es la ausencia de percepción del hombre entre lo que su accionar violento provoca, y la respuesta defensiva y de protección de la mujer para evitar nuevos episodios de maltrato. El golpeador no puede establecer la ligazón entre lo que él le hizo a su esposa y la reacción o comportamiento consecuente que ella implementa. Esta característica particulariza a los esposos violentos, los cuales se ponen melancólicos frente a la separación, abandono y/o a cambios radicales que pueda instrumentar la mujer.

Para Sonkin y Durphy (1982) la primera razón por la que un hombre utiliza la violencia es "porque ella actúa". Esto podría traducirse, para Watzlawick, en el uso muy particular de un lenguaje analógico o comportamental. Es un lenguaje no verbal expresado únicamente a través de manifestaciones violentas que frenan la posibilidad de argumentos emocionales o de manejo con conductas no agresivas, ante cualquier situación que escapa al control de los hombres violentos.

La violencia implementada por ellos inevitablemente conduce a la frustración. Para ellos es efectiva a corto plazo, pero las secuelas que produce en períodos prolongados son altamente negativas; aparecen después del primer incidente o pasados meses o años de convivencia.

Las consecuencias que producen van desde la parálisis e indefensión en las mujeres golpeadas hasta la instauración del rechazo total hacia su compañero. Los sentimientos y las sensaciones de las esposas que padecen el maltrato suelen ser miedo, desconfianza y rechazo físico, especialmente contacto sexual. Son estas mismas sensaciones las que las llevan a adoptar, en algunos casos, conductas defensivas: se separan, se escapan del hogar, no permiten ningún acercamiento afectivo ni corporal, rechazan totalmente las relaciones sexuales, etcétera.

Este cambio de actitud de la mujer es el que no logra comprender el hombre dando lugar a *ceguera selectiva*. Lo que el golpeador no puede entender es que, a causa de su conducta violenta, la esposa instrumente actitudes defensivas, poniendo límites para no seguir padeciendo el maltrato.

A: Ella me pidió el divorcio de mutuo acuerdo. Ella dice que se siente presionada, pero para nada es así… Me pone mal, con gritos, violencia… no creí que una persona me hiciera esto.

En este ejemplo se observan las dificultades del entrevistado para aceptar los sentimientos y el estado en que manifiesta encontrarse su pareja. Este señor *niega* que ella pueda sentirse presionada, e incluso no comprende –ceguera selectiva– cómo su mujer llega a pedirle el divorcio, aun reconociendo sus propios gritos y violencia (lenguaje fundamentalmente analógico agresivo), por la furia que le provoca el accionar de aquélla. Se aprecia así una *minimización* de los episodios de violencia ejecutados sobre ella. En este fragmento termina *despersonalizando* a su compañera al referirse a ella en tercera persona del singular con la frase: "no creí que *una persona* me hiciera esto". Además, efectúa una *externalización de la culpa*, ya que es ella, desde su percepción, la que le provoca un daño. Este hombre no puede establecer la ligazón entre la actitud actual de su esposa y la ejecución de su propio comportamiento violento.

C: Ella se fue el 5 de mayo. Cuando yo entré a bañarme, ella se fue. El 4 de junio, recién la volví a ver. Se lo pedí al hermano, de volver a verla, y yo fui con mi madre. Ella dijo que empezó a hacer el trámite para el régimen de visitas a la nena. Empezamos a discutir con ella y con los hermanos…
Coord.: Parece, por todo lo que cuenta, que toda la convivencia con ella nunca fue agradable…
C: Sí, sí, puede decir así, pero era el problema, y después estábamos bien. Pero el último tiempo, yo le empecé a pegar, y ahí se empeoró la relación… Si yo fuera otro, le rompo la cabeza a trompadas, pero yo no quiero pegarle.

En este ejemplo la *ceguera selectiva* se manifiesta en que él no percibe la correlación entre los malos tratos ejercidos sobre su mujer y la actitud de ella, de irse de la casa y solicitar el régimen de visitas de la hija. Esta situación genera mucha agresión en el entrevistado, porque no puede ejercer *control* sobre su esposa. Es por ello que racionaliza nuevas y más severas situaciones de violencia, *minimizándolas,* al atribuírselas a otros hombres y *generalizar* ese accionar como común o "normal" frente a ese tipo de comportamiento de las mujeres. De este modo, además, *justifica* su pensamiento.

La adjudicación referida al modo de reaccionar de los hombres que padecen situaciones similares denota la *inscripción de la rigidez del estereo-tipo de género* que tiene este golpeador, rigidez que lleva a *justificar* la violencia frente al hecho de que la mujer no responde al estereotipo tradicional femenino de sometimiento y sumisión.

Los hombres no utilizan otras alternativas, porque ellos fueron educados para la violencia, desde la familia donde se aprende y se aprehende el modelo de relación vincular violento hasta el hecho de vivir en una cultura violenta.

A partir de los modelos culturales se bifurcan y reifican los mitos y los estereotipos, las creencias y las ideologías que se impregnan en todos los niveles del sistema social. Esto puede ilustrarse con un aporte de Sonkin y Durphy (1982):

la casa del hombre es su castillo
y su esposa es su propiedad.
Nosotros aprendemos estas ideas
y si queremos terminar con la
violencia, debemos *desaprenderla*

Éste es uno de los objetivos del tratamiento para los hombres golpeadores. A partir de esta frase se puede analizar que en ellos la *ceguera selectiva* se debe, en gran parte, a la creencia inscripta socialmen-te, que llega hasta las familias en las que circulan los roles rígidos, tradicionales, acerca de que la esposa es propiedad del marido.

Sonkin y Durphy mencionan que algunos hombres se defienden o enardecen cuando sus novias/esposas se enojan con ellos, porque ven el problema como una cuestión ganada o perdida: "Para ellos alguien tiene razón, y alguien se equivoca". Esto es lo que ocurre con la ceguera selectiva, puesto que los golpeadores no pueden comprender el enojo de la mujer y las respuestas consecuentes que ellas efectúan. Frente a estos hechos los hombres violentos manifiestan dos conductas distintas: se enfurecen aún más, y ejecutan nuevas eclosiones de violencia y amenazas, o sufren de melancolía y depresión, frente al abandono o separación de la mujer.

David Adams (1986) es otro autor que se refiere a este rasgo o conducta particular de los agresores, argumentando que en esta *conducta selectiva* no hay un déficit de habilidad sino un *control selectivo*, el cual estaría asociado a la *doble fachada* del hombre golpeador.

La entrevista a otro hombre golpeador permite apreciar nuevamente este rasgo:

B: Siento falta de afecto de ella... Antes me quiso demostrar un afecto, cuando nos casamos, pero no sé, yo no pude... Cuando yo trato de besarla, de acercarme, ella se pone mal, me contesta mal... Ella siempre pone como justificativo que tiene hijos grandes. Ella compra revistas, *Tema Privado*, de cómo hacer el amor sin inhibiciones, pero no lo pone en práctica...

Coord.: ¿Usted lo puso en práctica?

B: No, porque ella se duerme, dice que tiene sueño.

En este ejemplo se observa otra modalidad de *ceguera selectiva*: aunque la mujer permanece en la casa, no manifiesta ningún afecto. En ella se observa un rechazo al contacto físico, particularmente sexual, mezclado sin duda con el miedo y la desconfianza que le provoca el temor a volver a repetir situaciones de violencia. De esta forma queda en este ejemplo bien plasmada la *ceguera selectiva* de este hombre golpeador: no puede establecer la relación entre su accionar violento y las respuestas de rechazo a cualquier tipo de contacto físico de la esposa.

En otro fragmento de la misma entrevista vuelve a decir:

Coord.: A usted le ronda la idea de separación, pero ¿ella qué dice?

B: ¡Que no!... Pero no sé... Yo quiero quedarme, pero no sé... Yo tendría que tener mucha paciencia con ella, de separar las cosas... Yo quise hacer un pacto, pero ella me dijo que estaba cansada.

Coord.: ¿Cuántas veces se lo propuso?

B: Unas tres veces.

Coord.: ¿Las tres veces contestó así ?

B: No... una vez no me contestó, y otra vez se lo quise imponer yo.

Éste es otro ejemplo de *ceguera selectiva*. En el entrevistado se observa la necesidad de negar la posibilidad de que su mujer quiera separarse, no pudiendo establecer la relación entre este accionar de ella como consecuencia de su conducta violenta. De forma más manifiesta se observa la *ceguera selectiva* en la segunda parte de este fragmento, cuando no sólo no ve la relación entre el comportamiento de la mujer, al no querer establecer ningún contacto con él por su anterior conducta violenta (que habría incluido pactos y promesas de arrepentimiento, así como manifestaciones de que su conducta violenta no volvería a repetirse, en la *tercera fase del ciclo de la violencia familiar*, llamada *fase de la segunda luna de miel o calma amante*), sino que impone posiciones para controlar nuevamente la situación, por la ausencia de percepción de sus anteriores y actuales actitudes de *manipulación* y *control* de su pareja.

Capítulo 7

ASPECTOS EMOCIONALES

Mónica Liliana Dohmen

Baja autoestima

Asociada a todas las características y rasgos descritos se observa generalmente, aunque no de forma evidente y manifiesta, la *baja autoestima* de los hombres golpeadores. Jorge Corsi (1991) hace hincapié en que es necesario que la autoestima no sea afirmada a través de manifestaciones violentas.

Los agresores sólo se sienten a salvo de la mirada de los demás dentro de la privacidad de su casa, es decir en el ámbito privado. En los demás espacios resultan ser hombres que no se atreven a decir lo que desean, temen o necesitan. Es así como la violencia que no aparece en estos espacios explota en el doméstico-intrafamiliar.

Las *racionalizaciones* que hacen para justificar su accionar cobran valor con su cónyuge –la cual se siente culpable–. No ocurre lo mismo en las demás situaciones, donde pueden controlarse perfectamente y evitar la violencia.

David Currie (1991), al hablar de la *baja autoestima* de los maridos violentos, refiere que, en su experiencia, rara vez argumentan sentirse bien al golpear a su pareja. A pesar de que la acusan y se enojan con ella, "sienten culpa y remordimientos, sensaciones de inadecuación y falta de control". La reiteración de la violencia sólo sirve para profundizar la imagen negativa que tienen de sí mismos. Los agresores con frecuencia se sienten desesperados, pero resulta excepcional que manifiesten estas sensaciones, pues para ellos significaría salirse de las pautas establecidas para el ideal de hombre aceptado culturalmente. No pueden mostrar su debilidad por temor a ser ubicados en una postura femenina.

David Wehner (1988) caracteriza la *baja autoestima* como unida a los rasgos de *inseguridad* y *dependencia*. Con respecto a la *dependencia*, la mujer del golpeador, más que como su *partenaire*, funciona como parte constitutiva de su persona. Asimismo, la *celotipia* y las *conductas para controlar* se suman a la *inseguridad* y la *dependencia*, puesto que si la esposa concretara el abandono, perdería una parte de sí mismo.

Sonkin y Durphy (1982) en su trabajo puntualizan la cuestión de visualizar y respetar las diferencias. Esto consiste en que los agresores puedan identificarse como sujetos distintos de su mujer y elaboren la complementariedad de individualidades. El objetivo es lograr que estos hombres asuman las diferencias, para que ambos miembros de la pareja puedan construir una imagen positiva de sí mismos y una mayor autoestima, evitando ser un apéndice del otro.

El eje del *síndrome del hombre golpeador* es la *baja autoestima*. Generalmente los hombres violentos necesitan una mujer que cubra la sensación de sentirse disminuidos y así *negar su baja autoestima*.

El siguiente párrafo ejemplifica este rasgo:

B: No pasó nada. Nos vemos poco, a la noche y los fines de semana, ella trabaja.

Coord.: ¿Qué le produce?

B: Que pasa el tiempo y cada vez me vuelvo más loco. Ella va al tratamiento. No sé, el tratamiento es largo...

Este fragmento denota la *baja autoestima* del entrevistado, unida a la *dependencia* que tiene de la mujer. Su estima sólo se sostiene teniendo la pareja al lado. La imposibilidad actual de controlar la relación marital, y particularmente a su esposa, es lo que lo hace manifestar: "Cada vez me vuelvo más loco".

Este hombre pide soluciones rápidas y mágicas debido a sus dificultades para mantener su propia autoestima. Su compañera funcionaba en ese papel, posibilitando la *doble fachada* o *"presentación externa"* según Currie (1989). El cambio de actitud de ella provocó la desesperación de B, quien se mostraba débil, en una posición caracterizada como femenina desde los estereotipos de género. Esto le generaba intolerancia porque lo derribó de la cúspide jerárquica de dominación que asumía como "jefe" de la estructura familiar.

Con el tratamiento, la esposa comenzó a elevar su propia autoestima, implementando actitudes defensivas. Esta individuación, *separación de mentes*, le permitió desenvolverse como sujeto independiente. Por el contrario, en el entrevistado significó la pérdida de un "pedazo de sí mismo", plasmándose la *baja autoestima*. Él no puede actuar de forma autónoma porque eso significa el vacío, la falta, un agujero en su ser.

Su intención es volver a aquella dependencia particular donde él era único dueño del poder, porque necesita instaurarse como sujeto masculino de esa manera.

Otro párrafo que ejemplifica la baja autoestima:

C: Quedó embarazada y empezamos a vivir juntos... Ella me dijo que la prima conocía a un hombre que hacía abortos... Hasta los tres meses de embarazo, ella siguió con eso... finalmente se arrepintió... Tuve otra chica que también estuvo embarazada. También quedó embarazada y a los tres meses se hizo un aborto sin yo saberlo... Yo me iba a casar con la chica, pero ella se hizo un aborto. Ella tenía problemas con los padres, y no voy a decir que está mal, pero decidió quedarse con los padres... Pero con ésta nos fuimos a vivir juntos, pero ella decía que tenía dudas de mí...

En este fragmento se aprecia la necesidad de este hombre de retener a las mujeres a través de los hijos. En el primer caso su pareja, al abortar, logró separarse de este hombre y volver con sus padres. La segunda, por el contrario, quedó asida al vínculo, sosteniendo la autoestima de su compañero.

Este hombre sabe que tiene pocas posibilidades de retener a las mujeres, con lo que, en consecuencia, mostraría una *autoimagen negativa, baja autoestima*, sin poder sostenerse con la caracterización estereotipada masculina. Por ello es que las embaraza, para retenerlas y conservarlas por el hijo, y logra así su objetivo de tener una mujer al lado que cambie su imagen y le aporte *connotaciones positivas*, al menos en la *presentación externa*, es decir para mantener su *doble fachada*.

Restricción emocional/Inhabilidad comunicacional/ Racionalización de los sentimientos

La identidad masculina tradicional, según Jorge Corsi (1990a), se construye sobre la base de dos procesos psicológicos simultáneos y complementarios: 1) hiperdesarrollo del yo exterior (hacer, lograr, actuar); 2) represión de la esfera emocional.

Dice Corsi: "Para poder mantener el equilibrio entre estos dos procesos, el hombre necesita ejercer un permanente autocontrol que regule la exteriorización de sentimientos tales como el dolor, la tristeza, el placer, el temor, el amor…, como una forma de preservar su identidad masculina". Esta caracterización está doblemente reforzada en los hombres golpeadores, asidos profundamente a las raíces sociales establecidas.

La *restricción emocional* se basa fundamentalmente en no poder hablar acerca de los propios sentimientos ni expresarlos, en particular, con otros hombres. Con sus cónyuges pueden manifestar su enojo y cólera, exclusivamente a través de la violencia. En este sentido, la comunicación verbal digital se encuentra limitada. Las necesidades emocionales de estos hombres existen, pero sienten como si su expresión estuviera anulada, cercenada por el modelo masculino tradicional, pues temen ser connotados con características típicas del estereotipo femenino.

Esta inhabilidad se ve acentuada en los golpeadores, debido al temor a ser señalados por su *debilidad*. Para ellos *el hombre debe ser fuerte*, sin mostrar en ningún momento sus flaquezas.

Esta *inhabilidad* o *incapacidad comunicacional* determina en los hombres golpeadores la inhabilidad para resolver conflictos de otra forma que no sea la violenta. Utilizan *racionalizaciones* para explicar su conducta. El relato de los golpeadores se presenta como las capas de una cebolla. Es tarea del terapeuta ir quitando cada una de ellas hasta que puedan comenzar a hablar de sí mismos, en relación con sus sentimientos y sensaciones, sin tener que racionalizarlos para ocultar su debilidad. Este instrumento implementado por el entrevistador se denomina *retraducción permanente del lenguaje*.

Otra de las habituales modalidades del discurso que emplean los agresores es usar, hacer, dirigir, orquestar, un lenguaje de acción.

Rondeau, Gauvin y Dankwort (1989) refieren que en los hombres golpeadores hay que desarrollar no sólo la responsabilidad por la violencia ejercida, sino que se debe enfocar, además, el sufrimiento y dolor que padecen. Los agresores presentan una gran necesidad de sostén, puesto que actúan de manera depresiva, particularmente aquellos que han sido abandonados por sus compañeras.

Para Sonkin y Durphy (1982) la mayoría de los hombres son entrenados desde pequeños para que "piensen" lo que pasa y no para que lo sientan, y desde el pensamiento deben caracterizarlo como positivo o negativo. Es así como se estructura un juicio respecto del significado de las cosas, juicio que se hará desde un lugar jerárquico, particularmente en los golpeadores. Sin embargo, de ello no están exentos el resto de los hombres, pero en menor medida. Pensar y sentir pasan a ser sinónimos. Los hombres aprenden que deben manejarse con el pensar; las mujeres aprenden que deben conducirse con el sentir.

Los hombres expresan los sentimientos en términos de pensamientos, porque confunden sentimientos con pensamientos u observación.

Sonkin y Durphy argumentan: "El propósito de expresar los sentimientos es comunicar al resto de la gente cómo se experimenta el mundo. Por eso es como nos afecta, lo que nos dicen o piensan".

Estos autores refieren que en una pelea el hombre utilizará "su lenguaje" de lógica y razón y la mujer empleará su lenguaje de sentimientos y emociones: "Las expresiones de sentimientos de la mujer tienen efecto directo sobre los sentimientos del hombre, aunque él no lo advierta".

Los golpeadores sienten que no saben lo que sucede y creen ser manipulados. La frustración que les provoca suele derivar en un hecho violento. Si los hombres reconocieran sus sentimientos, entenderían mejor lo que les sucede y podrían expresar sus sensaciones, sintiéndose menos frustrados y manipulados. Advertir sus propios sentimientos les facilitaría poder controlar el abuso, al manifestarlos directamente en la comunicación.

Reforzando esta caracterización, Mercedes Rodríguez (1990) afirma que los agresores tratan de evitar expresar, discutir o exponer sus sentimientos, a excepción del coraje. No pueden mostrar su intimidad, lo que hay dentro de sí mismos.

Para ejemplificar este rasgo, se tomarán fragmentos de distintas entrevistas a esposos agresores:

A: Pero ella quiere separarse…
Coord.: ¿A usted qué le produce?
A: Me pone mal, con gritos, violencia…
Coord: ¿Qué sintió usted?
A: No creí que una persona me hiciera esto.
Coord.: Eso es lo que vio, pero, ¿qué sintió?
A: Dolor, porque no lo esperaba, que venga directamente con la decisión tomada. Me dio dolor. No como, fumo más.

Éste es un típico ejemplo de las dificultades que presentan estos hombres para expresar sus sentimientos. El entrevistado *"siente-pensado"* (Sonkin y Durphy, 1982). No puede hablar de la angustia y tristeza que le provoca el hecho de que su mujer haya tomado la decisión de separarse.

El coordinador le pregunta acerca de sus sentimientos y él contesta con *pensamientos* y *racionalizaciones.* Las intervenciones del entrevistador están dirigidas a la *retraducción permanente del lenguaje,* quitando las capas de la coraza que presenta, para poder lograr que exprese sus sentimientos. Es así como, finalmente, este hombre puede hablar del *dolor* que esto le causa. Sin embargo, agrega inmediatamente una frase desde lo racional: "porque no lo esperaba, que venga directamente con la decisión tomada". Lo que este hombre no puede decir es: "Porque la amo", "Porque no quiero perderla", "Porque deseo vivir con ella, por lo que siento".

El entrevistado termina por expresar sus sentimientos por medio de conductas: "No como, fumo más". Esto denota su *inhabilidad para comunicarse* específicamente en el área de los sentimientos, y presentifica su *restricción emocional.* De este modo refuerza la armadura, para sostenerse en el lugar de *"El Hombre"* que marca el estereotipo tradicional masculino.

En otro párrafo de la misma entrevista:

Coord: …Hable de usted mismo.
A: Quiero hacer cualquier cosa lógica para solucionar la situación…

Se observa que este hombre no puede hablar de sí mismo, no puede expresar ni exponer sus sentimientos, no puede demostrar lo que para él sería una veta de debilidad. Él refiere que está dispuesto a hacer "cualquier cosa lógica", es decir cualquier cosa racional, del pensamiento, previamente calculada, pero de ninguna manera algo que tenga que ver con expresar su afecto, pues se manifestaría desde lo espontáneo y no es "lógico". Esto demarca el estereotipo tradicional masculino en que está delimitado este hombre.

En la misma entrevista, A acota:

Coord.: Usted no tiene que convencer a nadie de cómo es... Lo que veo es que a usted le cuesta pensar en usted mismo, en lo que le pasa a usted.

A: No me interesa.

Coord.: Bueno, esto está muy mal, porque no puede verse ni trabajar sobre sí mismo, con usted mismo.

A: Le va a costar...

En este ejemplo se aprecia el corte que el entrevistado establece, cuando el entrevistador le habla de sus dificultades para pensar en sí mismo. Él no permite que se entrometan en sus sentimientos y no quiere expresarlos. Es por eso que en su racionalización para frenar cualquier posibilidad de que sus sentimientos salgan a luz "reta a duelo" o "pone a prueba al entrevistador o su competencia". Con esta actitud cuestiona la competencia y la idoneidad del rol del profesional.

Otro ejemplo que describe este rasgo:

B: Yo estoy más tensionado que antes. No puedo dominarme. En lo afectivo, estoy mal.

Coord.: ¿Por qué?

B: Siento falta de afecto de ella.

Este señor no puede expresar lo que siente y por eso se encuentra altamente tensionado. Antes liberaba su tensión con un conflicto y de éste pasaba a la acción: golpear.

Desde que su mujer comenzó el tratamiento por maltrato, él se encuentra frenado, puesto que se hizo pública su conducta.

Debido a sus rasgos de *restricción emocional e inhabilidad comunicacional*, la tensión se incrementa en él sin poder canalizarla como antes en una explosión violenta. El entrevistado *racionaliza sus sentimientos* al decir "Yo estoy más tensionado", sin poder manifestar: "Estoy enojado" o "Tengo bronca porque mi mujer cambió". Lo que este hombre no puede tolerar es el haber perdido el dominio de la situación. No puede expresar su angustia y tristeza, y pone el acento en las modificaciones que implementó la mujer: "Siento falta de afecto de ella". Esto no es lo que siente, sino lo que piensa. En realidad lo que siente es melancolía, tristeza, soledad, pero no lo puede mencionar.

Dependencia/Inseguridad

Para Rondeau, Gauvin y Dankwort (1989), la primera forma de detectar la *dependencia* de los hombres golpeadores es el miedo que tienen a perder a su cónyuge. Éste se presenta como uno de los motivos de consulta más frecuentes, ya sea de manera manifiesta o encubierta. El otro motivo de consulta que generalmente se repite es el temor a las consecuencias legales.

Los autores mencionados citan en su obra a Elbour y Faulk, quienes argumentan que en el análisis psiquiátrico de estos hombres encuentran el rasgo característico de una *profunda dependencia afectiva*.

Sonkin y Durphy informan sobre el alto índice de separación o divorcio en las familias en las que circula la violencia doméstica. En estos hombres se visualizan con facilidad el dolor y la pérdida que sufren con la separación. Aun cuando la relación haya sido dolorosa, los autores mencionados afirman que, al separarse, ambos miembros de la pareja padecen un gran sufrimiento.

Para el marido violento, "dejar ir a la pareja es como dejar ir una parte de sí mismo". De ello se deduce el alto grado de dependencia que tienen de su cónyuge. Muchos de los agresores, al experimentar esta pérdida, ven dañada su autoestima, puesto que no pueden controlar ni dominar la situación y no entienden cómo les ocurre a ellos. A un "verdadero hombre" no debería ocurrirle que su esposa se fuera de su lado. Esto hiere su narcisismo. Sonkin y Durphy agregan que, dadas estas circunstancias, los deseos y los planes de estos hombres se diluyen. Muchos se preguntan "si vale la pena seguir".

Un aporte interesante de Sonkin, Del Martin y Walker es que en general las mujeres que abandonan a los esposos violentos no cortan definitivamente el contacto con ellos. Hay incertidumbre acerca del futuro de la relación, pero es necesario que estos hombres aprendan a vivir con ella.

Para los mismos autores, es función del profesional ayudarlos a entender la ambivalencia de sus parejas como una respuesta natural a la situación. Es esperable, desde el rol de coordinador, el trabajo con los agresores acerca de poder descubrir las otras áreas inciertas en sus propias vidas.

David Currie (1991) también clarifica la conducta de dependencia; en su experiencia ha visualizado que los maridos violentos se muestran excesivamente dependientes en sus relaciones privadas. Ello se manifiesta por una constante preocupación sobre el accionar de la mujer, los lugares a los que concurre y con quién se relaciona, lo cual incluye el *control* de aquélla. Estos hombres son marcadamente sensibles ante la posibilidad de pérdida o abandono. Se muestran desesperados si la mujer se va del hogar. Esta dificultad, para Currie, se "puede comprender desde una perspectiva del desarrollo psicológico, que utilice las nociones de separación-individuación como "una incapacidad para diferenciarse de su pareja. No pueden pensarse a sí mismos y a sus cónyuges como individuos separados. Cuando la pareja es experimentada como una extensión de sí mismo, cualquier intento por controlar a la mujer puede ser también comprendido como un intento de controlarse a sí mismo".

Del mismo modo, Currie afirma que "este rasgo psicológico se ve reforzado por ciertos condicionamientos sociales respecto del matrimonio: ver a 'los dos unidos como si fueran uno solo'; ese 'uno' habitualmente es él".

Los argumentos de este autor se relacionan con la socialización primaria aprendida y aprehendida en la familia y con la socialización secundaria que se inscribe en las relaciones cara a cara, en circuitos que no ofrecen lazos de intimidad, todos ellos influenciados por el conjunto de mitos, estereotipos, ideas, creencias y valores que se transmiten desde la estructura sociocultural.

Volviendo a Currie, quien coincide con expresiones de Sonkin y Durphy, históricamente las mujeres fueron consideradas propiedades o bienes. En la actualidad, esta actitud todavía es común en muchas personas. La idealización del matrimonio como el estado en el que el marido y la mujer sienten y piensan igual ha ayudado a que estas ideas echen raíces.

Jorge Corsi (1991) refuerza la caracterización del rasgo de *dependencia/ inseguridad* cuando afirma que "la falta de una vivencia personal de seguridad es una de las características salientes de estos hombres, que necesita ser sobrecompensada a través de una actitud firme, externa, autoritaria. Esta última tiene como objetivo obturar la debilidad interna que en el fondo existe".

El golpeador es un hombre que permanentemente ve amenazados su autoestima y su poder en el hogar y/o en la pareja. Cualquier situación conflictiva dentro del ámbito privado lo lleva a sospechar que puede perder el control de la situación. Esto le provoca un estado de gran tensión, e intenta retomar rápidamente el control a través del uso de la fuerza.

He aquí algunos ejemplos que ilustran esta característica:

B: Yo estoy más tensionado que antes. No me puedo dominar. En lo afectivo estoy mal.
Coord.: ¿Por qué?
B: Siento falta de afecto de ella.
Coord.: ¿Cómo le gustaría que fuera el afecto de ella?
B: Antes me quiso demostrar un afecto, cuando nos casamos, pero no sé, yo no pude... Cuando yo trato de besarla, de acercarme a ella, se pone mal, me contesta mal.

En este ejemplo se ve claramente el estado angustiante que presenta el entrevistado por miedo a la separación inminente, aunque continúa conviviendo con la mujer. La *inseguridad* que le crea la ausencia actual de afecto en su esposa lo tensiona mucho porque ya no puede manejar la situación: no puede controlar el afecto y los sentimientos de su mujer. El estado de *dependencia* que creó respecto de su mujer y el temor a perderla le ocasionan mucho sufrimiento porque ya no tiene el dominio y teme quedarse solo. Esto denota el alto grado de *dependencia* que tiene de su cónyuge. Su conducta violenta ha determinado que la mujer –ayudada por un tratamiento– cambie, adoptando una actitud autoprotectora y defensiva, que él no tolera por el rechazo que recibe –*ceguera selectiva*–. Esta conducta es típica de las mujeres que han padecido la violencia de su marido y pudieron comenzar a poner límites al solicitar y recibir ayuda.

El mismo entrevistado agrega en otro fragmento:

B: Yo tengo miedo de qué puede pasar mañana, de estar solo.
Coord.: Antes de casarse, ¿qué pasaba?
B: Yo tenía una vida desordenada. Yo le agradezco a ella, porque me ayudó a ordenarme, ella era más hecha.

En este fragmento se puede observar el miedo que el entrevistado tiene a la soledad. Él *"es"* en función de su esposa y en relación con ella. Depende plenamente de su mujer, a tal punto que siente un gran temor al abandono, pues una parte de sí se diluiría con la pérdida de su pareja.

Este hombre comienza a reconocer lo que su mujer significa para él desde los sentimientos, pero no desde los sentimientos de paridad en el amor sino desde un amor que podría compararse al que una madre brinda a un hijo: "me ayudó a ordenarme, ella era más hecha". Por esta razón es que depende plenamente de su pareja. En consecuencia se muestra y siente sumamente *inseguro*. Pero desde otro punto de vista, su inseguridad puede llevarlo a establecer relaciones con este tipo de *dependencia*. Podríamos decir entonces que se establece un círculo, un circuito, donde ninguna de estas dos variables es causa o consecuencia de la otra sino que ambas se complementan equilibrando la relación vincular.

En la misma entrevista, B vuelve a caracterizar este rasgo:

B: Pero yo quiero estar, quiero que sigamos juntos. Le digo: "Dejáme ir unos días", pero ella dice que no, que es una idea absurda.
Coord.: Si usted quiere hacerlo, puede hacerlo.
B: Ella dice que no y puede pensar que tengo otra.

Aquí se vuelve a observar la *inseguridad* que presenta este hombre. Parece que hiciera un desplazamiento en su discurso, y que en realidad fuera él quien, por nada del mundo, quiere irse de la casa, por la *inseguridad* y el *temor* a que su mujer se vaya o se junte con otro hombre.

La conclusión de este hombre lo pone en iguales condiciones que a otros golpeadores, con respecto al *temor a la separación y el miedo a quedarse solo,* además de no poder controlar la situación.

El mismo rasgo se aprecia en la entrevista a otro hombre golpeador:

A: Ése es uno de los motivos, la alteración en que está. El otro motivo es que no tiene dónde ir, porque los padres no la apoyan. La madre de ella también está en tratamiento psicológico por controversias con el marido... Yo no soy Dios, pero si juzgo que ella está bien, bueno, está bien... Yo es como si ya estuviera separado.

Aquí se puede apreciar gráficamente el grado de *inseguridad* que le crea al entrevistado esta situación. Primero intenta descalificar a su mujer ("alterada"), luego descalifica a la madre de ella ("que está en tratamiento psicológico") y a ambos padres, por controversias de la madre con el padre de su mujer. Este hombre tiene una gran dependencia de su esposa que lo hace anular cualquier posibilidad que ella pueda pensar como alternativa para irse de su lado. Él quiere erigirse como *"el protector"* de su esposa, como *"su guardián".* Finalmente, para no manifestar la ira y la angustia que esta separación de su esposa le ocasiona, admite que no es Dios, aunque pareciera querer serlo, ubicándose en ese lugar supremo y omnipotente.

En la entrevista a otro hombre, se puede apreciar igualmente este rasgo:

C: Quedó embarazada y empezamos a vivir juntos... Ella me dijo que la prima conocía un hombre que hacía abortos, pero yo le dije que no. Hasta los tres meses de embarazo, ella siguió con eso... Pero cuando fuimos, finalmente se arrepintió… Tuve otra chica, que también estuvo embarazada y a los meses se hizo un aborto sin yo saberlo.

En este hombre se observa cómo su necesidad de *dependencia* lo hace tener una mujer al lado, porque no soporta estar solo. Él siente que tiene pocas posibilidades de retener a una mujer, y por eso maneja la situación para que ellas queden embarazadas y poder conservarlas a su lado, por el hijo.

En este entrevistado vuelve a caracterizarse la dependencia:

C: Si yo quiero, yo me siento solo y quiero visitar a la nena, ¡¿y si mi mujer no me deja ver a la nena?!

En realidad, lo único que le importa a este hombre es su mujer y no la nena. Teme estar solo, pues esto le crea *inseguridad* y *miedo,* por la *dependencia* que tiene respecto de su esposa.

Capítulo 8

ASPECTOS INTERACCIONALES

Mónica Liliana Dohmen

Aislamiento

Entre los autores que definen este rasgo, Sonkin y Durphy (1982) efectúan un gran aporte. Argumentan que muchos de los hombres que consultan por la problemática de la violencia doméstica se encuentran aislados. Este *aislamiento* no está referido a la ausencia de contacto con otras personas, aunque es cierto que algunos llegan a ese extremo. Los hombres golpeadores suelen conversar sobre cuestiones banales, de trabajo o de deportes, pero no pueden comprometerse en lo referente a la violencia que protagonizan.

Jorge Corsi (1991), al describir el *aislamiento emocional* de los agresores, manifiesta que "es un tipo de aislamiento social, vinculado con lo afectivo". El hecho de relacionarse con mucha gente o de tener muchos conocidos no determina la existencia de un vínculo en el que puedan intercambiar sus propios problemas y los conflictos que los aquejan. Los maridos violentos no mantienen relación de privacidad con ninguno de los sujetos con los que interactúan. El *aislamiento social y emocional* se encuentra como "un factor casi constante" en los maridos violentos.

La caracterización descrita tiene sus raíces en el entrenamiento que reciben los varones, desde niños, mediante la *socialización primaria y secundaria.* Con ambas se construye el estereotipo de género, y se aprenden pautas vinculares especialmente con otros varones. Se incorpora la regla de no compartir los sentimientos con otros hombres, y se instituye la *homofobia* como terror o pánico a la homosexualidad.[1] Este entrena-

1. Concepto tomado de Kauffman, 1989.

miento trae como resultado la tendencia de estos hombres a estar aislados emocionalmente, en particular respecto de otros hombres. La enseñanza incluye la prohibición de manifestar sus sentimientos y los problemas del hogar, ya que esto está connotado como un signo de *debilidad*.

Los hombres golpeadores sólo pueden hablar de su hogar cuando "la culpa es de ella" (Sonkin y Durphy, 1982) y en tanto no refleje sus propios problemas.

Para Sonkin y Durphy el *aislamiento emocional* en que se encuentran los agresores se basa, fundamentalmente, en no conversar acerca de los propios sentimientos con otras personas por miedo a lo que se pueda pensar de ellos. Estos hombres necesitan estar seguros de dar una imagen ajustada al ideal de hombre.

El *aislamiento* causa estrés y éste aumenta el riesgo de conflicto al sentirse invadidos por la incomprensión. Muchos hombres sienten vergüenza y culpa por su conducta violenta. Uno de los resultados de la dificultad para conversar sobre su comportamiento es el sentimiento de soledad que trae aparejado.

El *aislamiento* se relaciona con la *inhabilidad para comunicarse* (esta característica se desarrolló anteriormente). Es por ello que en tanto estos hombres logren modificar su manera de expresarse, manifiesten los propios sentimientos y conversen acerca de su problemática, podrán disminuir los riesgos de acumular tensión y, en consecuencia, dejen de actuar con violencia.

Este aislamiento también se ensambla con el miedo a la soledad por la *dependencia* respecto de la mujer y por su propia *inseguridad*, ya que perderían el único contacto íntimo que mantienen con otro ser. Esta caracterización es la que Rondeau, Gauvin y Dankwort (1989) describen como *profunda dependencia afectiva*.

El aislamiento se correlaciona, por otra parte, con el *déficit de recursos* típico de los golpeadores, al que alude David Wehner (1988). Éste podría visualizarse no sólo como causa sino como efecto del primero. Todo se daría en una suerte de sistema circular. Al mantener limitado el espacio intrahogareño e impedir para sí y para los miembros de su familia las conexiones con el entorno social y la posibilidad de establecer redes sociales de distinta índole, estos hombres, así como las mujeres maltratadas, se encuentran carentes de recursos para salir del aislamiento, perpetuándose la violencia doméstica.

David Adams (1989) describe el *aislamiento social* como una de las estrategias implementadas por los agresores para exterminar la autoestima y la independencia de su pareja.

Esta caracterización se relaciona con el rasgo de la *celotipia* de los agresores, los cuales acusan a sus mujeres de ser infieles. Otro recurso que emplean los maridos violentos para afianzar la autoimagen negativa de sus esposas es la descalificación por no cumplir con su roles de madres, esposas y amas de casa a la perfección, acusándolas de descuidar a su familia.

Este accionar de los hombres golpeadores sirve para limitar a la esposa los contactos con amigos, vecinos, familiares y compañeros de trabajo, y para que todo se reduzca a la relación intrafamiliar, ámbito donde poseen el dominio. Esta conducta favorece el *control* absoluto de la situación.

Ejemplificaremos este rasgo con un fragmento de la entrevista a un hombre golpeador:

A: Mi mujer está muy alterada... Ése es uno de los motivos, la alteración en que está. El otro motivo es que no tiene dónde ir porque los padres no la apoyan. La madre de ella también está en tratamiento psicológico por controversias con el marido... Fui a hablar con la prima de mi mujer... ella también va al psicólogo.

Este hombre intenta mantener el aislamiento de la mujer al cerrar todas las posibilidades de protección y vivienda que puedan ofrecerle los familiares. La intención denota desde calificar a su esposa como "alterada" hasta descalificar a los padres de ella "porque no la apoyan".

El ejemplo muestra, además, los instrumentos que emplea para sostener el *aislamiento emocional*. Presenta obstáculos que se relacionan, en general, con juzgar la salud mental de los familiares de aquélla, con el objeto de evitar la posibilidad de que pueda escapar de su lado: "La madre de ella también está en tratamiento psicológico por controversias con el marido".

El *aislamiento* que quiere imponerle incluye hasta los miembros de la familia extensa, "la prima", porque también "va al psicólogo".

De esta forma, el entrevistado busca la complicidad del profesional, con el objeto de que avale su fin: que la mujer se quede sola y deba volver a su lado.

En consecuencia, se aprecia la relación existente entre este rasgo de los golpeadores y sus *conductas para controlar* el accionar de la mujer, la *dependencia emocional* que tienen de ella y el *comportamiento celotípico*, además de sus *conductas posesivas*.

Otro ejemplo de la característica de aislamiento:

C: Una vez habíamos peleado y yo estaba cansado de que ella me golpeara, estaba todo lastimado, y yo le dije que no iba a salir hasta que se tranquilizara. Estábamos en un hotel. Al día siguiente, ella se fue.

La actitud de aislamiento que impone este hombre no sólo implica la reclusión del conflicto al entorno exclusivo del ámbito privado, sino que con su conducta prohibitiva impide la posibilidad de recibir ayuda, tanto para sí como para su mujer, al no permitir que otras personas intervengan y escuchen sus sentimientos, y las sensaciones que tiene su esposa para intentar ayudarlos.

Por otra parte, en este fragmento el entrevistado atribuye el maltrato a su esposa, y efectúa la externalización de la culpa cuando dice: "estaba cansado de que ella me golpeara, estaba todo lastimado". Además se describe con una actitud sumisa, comprensiva, típica de la doble fachada, cuando acota: "yo le dije que no iba a salir hasta que se tranquilizara". Se ubica así en una posición protectora de la mujer y no de sí mismo, a pesar del maltrato que refirió haber recibido de su pareja.

Conductas para controlar

Este rasgo está íntimamente ligado a la conducta de *manipulación* que generalmente implementan los hombres golpeadores para obtener sus fines.

"Estos hombres son una especie de caricatura de los valores culturales acerca de lo que *debe* ser un hombre, en cuanto a los mitos culturales de la masculinidad", dice Corsi (1991); se manejan y sostienen a través de formas de relación que tienden al control, la dominación, a "considerar a la mujer como alguien que está por debajo".

Esta concepción sexista característica de los maridos violentos es difícil de modificar. Se encuentra enraizada desde la socialización genérica y está imbuida de un manipuleo intelectual que denota todo lo contrario. Ellos aprendieron que no existen diferencias entre hombres y mujeres, que hay igualdad entre ambos sexos, pero por debajo de este mensaje se sustentan valores sexistas. Esta ideología funciona como una de las causas de la violencia doméstica.

Los esposos agresores necesitan controlar la situación, dominarla, pues esto es lo que les otorga *seguridad*. Para David Wehner (1988), el "déficit de recursos" que tienen los golpeadores es lo que origina su *necesidad de control*. Es ese control el que les permite el dominio, particularmente en relación con su esposa, de la que dependen.

Rondeau, Gauvin y Dankwort definen a estos hombres no como enfermos mentales sino como sujetos que cometen un acto criminal. Los enfermos mentales no eligen, en general, a su víctima ni el momento oportuno. En los maridos violentos, por el contrario, hay *premeditación*, una *elección preestablecida siempre sobre la misma persona* y un *cierto autocontrol*. Esto indica una selectividad de la violencia, un control dirigido siempre hacia la esposa.

David Adams (1989) describe con minuciosidad el rasgo de las conductas para controlar, típico del golpeador. Argumenta que "el abuso de esposas es un patrón coherente de controles, mediante coerción, que incluye el abuso sexual, las amenazas, la manipulación psicológica, la coerción sexual y el control de los recursos económicos".

Para este autor, estas *conductas para controlar* sirven, además, para perpetuar en la víctima el recuerdo potencial del abuso físico del agresor, por ejemplo gritos, amenazas, mal humor, aniquilar su independencia. Las críticas permanentes que la esposa maltratada recibe de su marido destruyen la confianza en sí misma y debilitan su autoestima, llegando a *un estado de dependencia total*.

El control ejercido por los golpeadores llega en muchos casos hasta acompañar a su mujer a todos lados, a encerrarla, a no permitirle que salga a ningún lado sola, promoviendo una situación de total *aislamiento*. Este control obsesivo está relacionado generalmente con otro rasgo de los golpeadores: *celotipia* y *actitudes posesivas*, ya que debido a su inseguridad temen el abandono de su pareja, con lo cual perderían un pedazo de sí mismos.

He aquí ejemplos de este rasgo tomados de entrevistas a hombres violentos:

C: Después perdí el trabajo porque me quedaba con ella, porque amenazaba irse y tuve problemas hasta que me echaron.
Coord.: ¿Usted se quedaba en casa para controlar la situación?
C: Sí.

Aquí se puede observar el grado de *control* que implementa este hombre. El entrevistado, para poder tener el *dominio absoluto* de su mujer, sigue todos sus pasos, la mantiene encerrada en una situación de *aislamiento* y termina perdiendo su trabajo. De este modo, deja de cumplir hasta con las características estereotípicas del género masculino (trabajar, obtener logros, traer dinero a la casa, etcétera) para poder *controlarla*.

Incluso ante la explicitación del entrevistador, este hombre se reafirma en el lugar de *controlador* de su mujer.

En otro párrafo de la entrevista dice:

C: Varias veces nos peleamos, ella se iba a lo del hermano y después volvía. Hasta que una vez el hermano me dijo que ella no estaba, y cuando éste se fue, le saqué todos los muebles de la casa.

Aquí se aprecia nuevamente la *necesidad de controlar* a su esposa, manipulándola a través de quitarle los muebles para que ella regresara a su lado. Pero en esta línea de maltrato emocional, el control de este hombre llega a niveles mucho más elevados en cuanto a la severidad de su conducta.

En otro fragmento de la misma entrevista se vuelve a apreciar el *control* que este hombre ejerce sobre su mujer:

C: Otra vez, cuando discutimos y porque ella me pegaba, yo la até a la cama.

Coord.: ¿Con qué la ató?

C: Con una sábana. Le até las manos a la cama.

En las manifestaciones de este hombre se aprecia el extremo hasta el que llega al atar a su esposa: ya no sólo aislándola sino apropiándose absolutamente de su independencia, de su libertad, quitándole toda la movilidad de su cuerpo. Él necesita tener el control del cuerpo y la mente de su esposa, venciéndola por la fuerza: *aislamiento e inmovilidad corporal.*

En el siguiente ejemplo se aprecia la *conducta de controlar* del mismo agresor, desarrollada no sólo con su pareja actual:

C: Quedó embarazada y empezamos a vivir juntos. Me empezó a decir que tenía vergüenza de que la vieran embarazada en el trabajo, en el colegio. Quería hacerse un aborto. Ella no quería hablar conmigo y cada vez que hablábamos, era un lío. Ella me dijo que la prima conocía a un hombre que hacía abortos, pero yo le dije que no. Hasta los tres meses de embarazo, ella siguió con eso, y yo le dije que si quería hacerse eso, que lo hiciera, pero yo quería acompañarla y conocer a ese hombre. Pero cuando fuimos, finalmente se arrepintió...

Coord.: Anteriormente, ¿tuvo otra pareja?

C: Tuve otra chica, que también estuvo embarazada. También quedó embarazada, y a los tres meses se hizo un aborto, sin yo saberlo. Yo hacía ocho meses que salía con ella. Yo me iba a casar con la chica, pero ella se hizo un aborto. Ella tenía problemas con los padres, y no voy a decir que está mal, pero decidió quedarse con los padres...

Este señor *manipula a los hijos,* los usa para retener a las mujeres. Con sus dos parejas implementó la misma táctica. Él sabe que tiene pocas posibilidades de conservarlas a su lado y por eso las embaraza. Su intención es obligarlas a quedarse con él en nombre del hijo, motivo con el que instrumenta el *control* de la mujer.

En la narración del entrevistado se observa una idéntica repetición de la situación en los dos casos: las deja embarazadas y al tercer mes quieren abortar. La diferencia se da en que la primera pareja lo concreta, pero la segunda no. Hay una *compulsión a la repetición*, cuyo fin es lograr el *máximo control* de la pareja.

Con la segunda y actual mujer, para lograr un *mayor control* de la situación llega a querer conocer al hombre que hace los abortos ("Yo quería acompañarla y conocer a ese hombre").

La primera pareja pudo liberarse del *control* de este hombre, al efectuar el aborto y al irse luego a vivir con los padres.

En otro fragmento de la entrevista al mismo entrevistado:

Coord.: ¿Qué hacía usted cuando algo de eso no le gustaba?
C: Yo le decía que no salía.
Coord.: ¿Le prohibía salir?, ¿usted se lo decía y ella obedecía?
C: Sí, pero después ella se empezó a cansar y empezaron las peleas.

En este ejemplo se puede apreciar la necesidad de control máximo que C necesita tener sobre su esposa estableciendo el *aislamiento* de todo contacto social a través de prohibiciones que profería e imponía, y que su esposa obedecía justamente por el miedo y el deterioro emocional que va causando este *maltrato psicológico*.

Este ejemplo de las *conductas de controlar* en el entrevistado está relacionado con el tema del *control a través del dinero*:

C: Yo le cobré el sueldo a mi señora y lo gasté.
Coord.: Ella debe estar ayudada por sus hermanos, pero ahora necesita más, por la bebé.
C: Yo la usé, la plata, para que ella volviera.
Coord.: Si usted hubiera usado la plata como forma de presión, no la habría gastado.
C: Yo quería que ella volviera.

Este hombre llega incluso hasta el punto de despojar a la esposa de su propio sueldo, con el fin de lograr su control, aunque ella lo necesita más que nunca desde que tiene la beba. Su objetivo es que la esposa retorne a su lado y por ello justifica todos los medios, incluso cobrarle el sueldo y gastarlo, lo cual denota además cómo hace uso y abuso de lo que no le es propio. Su relato acerca de cobrarle el sueldo para que ella regrese no se corresponde con lo que el entrevistado finalmente hace al gastarle el sueldo, no se corresponde con la conducta que adopta. Ésta es su manera de manipularla para lograr su fin: que ella regrese. Le cobra el sueldo y no se lo da, ni siquiera tomando en cuenta que por la hija de ambos puede necesitarlo.

En la entrevista a otro hombre, se aprecia igualmente este rasgo:

B: Ya la veo a mi hija, que mi señora forma otra pareja, que mi hija está en otra familia. Pensar que va a ser otra persona que la acaricie a mi hija. Ya no voy a poder verla como antes; o que vayan amigos de ese hombre y no sé cómo la van a tratar a ella.

Coord: O sea que una de las cuestiones por la que usted quiere estar en esa casa es para controlar que todo esté como está.

B: Sí, de a poco. Yo veo el progreso en la casa, desde que estoy yo.

Aquí se aprecia típicamente la necesidad de *controlar* las conductas de su esposa que tiene el entrevistado. El mismo coordinador se lo explicita, se lo traduce, haciendo una *retraducción del lenguaje*. Este señor pone la excusa de la hija y encubre que lo que en realidad necesita *controlar* es a su esposa, pues teme que otro la acaricie, que forme otra familia, no poder verla como antes. El rasgo del control en este ejemplo está íntimamente ligado con el rasgo de la necesidad de *posesión y celotipia*.

Otro ejemplo de la necesidad de control en el mismo hombre:

B: Yo quise hacer un pacto con ella, pero me dijo que estaba cansada.
Coord.: ¿Cuántas veces se lo propuso?
B: Unas tres veces.
Coord.: ¿Las tres veces contestó así?
B: No, una vez no me contestó y otra vez se lo quise imponer yo. Yo le dije que dejara de trabajar porque ella dice que está cansada, pero ella dice que no dejaría de trabajar, aunque estuviera llena de plata, porque la ayuda a distraerse.

En este párrafo se observa que en el intento de hacer un pacto con la mujer, el entrevistado llega a imponérselo como modalidad para *controlar las conductas* de la esposa. Este *control* vuelve a comprobarse cuando intenta convencerla de que deje de trabajar, basándose en los argumentos de la mujer cuando dice estar cansada. El hecho de que ella pase muchas horas de la jornada diaria en un trabajo quita a B la posibilidad de tener un control absoluto de su esposa y busca por todos los medios la forma de retomar ese control total y absoluto.

Celos y actitudes posesivas

La característica de los *celos y actitudes posesivas* propia de los golpeadores se encuentra asociada al rasgo de *controlar las conductas de la mujer.*

David Adams (1989) señala que es frecuente que las mujeres maltratadas padezcan acusaciones inquisidoras de sus esposos, motivadas por los celos. Éstos, en algunos de los agresores, llegan a constituirse en una "cualidad obsesiva" vigilando de forma permanente cada uno de los movimientos de su pareja. La vigilancia se acentúa una vez que las esposas deciden abandonarlos, se van del hogar o tratan de terminar la relación con ellos. Esta conducta puede llegar hasta a perseguirla a todo lugar adonde vaya, interrogar a sus hijos, escuchar las llamadas telefónicas para controlar sus actividades y con quién se relaciona, etcétera.

El mismo autor argumenta que "los celos patológicos de este tipo no son evidentes en todos los agresores" e incluso la presencia de este comportamiento "debe entenderse como un indicador significativo de su potencial homicida" (Sonkin, 1985), el cual es denominado por Mercedes Rodríguez como *potencial de letalidad* (1990).

Unida a esta conducta se suma otra actitud de los maridos violentos: la de volverse extremadamente *posesivos.* Esta actitud, para Adams, generalmente se manifiesta en la imposibilidad del agresor de aceptar que la relación con su pareja ha concluido. Las mujeres que logran abandonar a estos hombres son sometidas a un hostigamiento extremo como método de presión que incluye múltiples llamadas telefónicas, amenazas de homicidio o de suicidio, visitas inesperadas a la casa o al trabajo, insistencia en acordar encuentros y manipulación de los hijos.

La postura de David Wehner es coincidente con la de Adams, al caracterizar la *celotipia* como típico rasgo de los hombres golpeadores.

Se puede deducir de lo antedicho que este rasgo se relaciona con las *conductas de control, manipulación, inseguridad* y *dependencia* de los esposos agresores.

A continuación un ejemplo con fragmentos de entrevistas a hombres violentos:

A: Había una libretita de mi mujer, que encontré por casualidad, y allí hablaba de los sentimientos de ella hacia otra persona, y cuando la enfrenté a mi mujer, se puso muy mal.

La reiteración del uso de "mi mujer" marca en el entrevistado la *necesidad de posesión* que tiene respecto de su esposa.

La *celotipia* queda delimitada, cuando este señor arguye: "Había una libretita de mi mujer que encontré por casualidad". A esta característica se suma otra, la *conducta de controlar* a su esposa, al registrarla y revisarle sus pertenencias.

El *comportamiento celotípico* se vuelve a significar cuando el señor narra que enfrentó a su mujer, al encontrar referencias de los sentimientos de ella hacia otra persona.

Otro ejemplo que ilustra el mismo rasgo:

B: Yo la veo a mi hija, que mi señora forma otra pareja, que mi hija está con otra familia. Pensar que va a ser otra persona que la acaricie, a mi hija. Ya no voy a poder verla como antes, o que vayan amigos de ese hombre, y no sé cómo la van a tratar a ella... Pero yo quiero estar, quiero que sigamos juntos. Le digo: "Dejáme irme unos días", pero ella dice que no, que es una idea absurda.

Coord.: Si usted quiere hacerlo, puede hacerlo.

B: Ella dice que no, y puede pensar que tengo otra.

En el entrevistado se observa *su imposibilidad para expresar los sentimientos*. Afirma sentir temor en cuestiones referidas a la hija, cuando en realidad sus *celos* y *necesidad de posesión* están dirigidos hacia la mujer. B hace un desplazamiento de su mujer a su hija para ocultar el miedo a que su esposa forme otra pareja, a que ésta la acaricie y a no poder verla como antes. Sus expresiones definen los *celos* que le imprime este presentimiento.

En el segundo párrafo vuelve a hacer un desplazamiento: "Ella dice que no y puede pensar que tengo otra", donde, al contrario de lo que argumenta, es él quien no desea abandonar el hogar, pues teme que su esposa se quede con otro hombre.

Los *celos* y la necesidad de mantener la *posesión de la mujer* lo llevan a *controlar las conductas* de ella.

En este ejemplo se aprecia cómo el rasgo de la *celotipia* y *necesidad de posesión* de la mujer se suma al rasgo de *control*, instaurándola finalmente en una situación de *aislamiento*:

C: Después perdí el trabajo porque me quedaba con ella porque amenazaba irse y tuve problemas hasta que me echaron.

En estos tres hombres, de los fragmentos de sus entrevistas se aprecia el *temor* a quedarse solo, a estar solo si la mujer se va. Esto es lo que los ha llevado a pedir ayuda, pero sin descontar el acoplamiento de otros rasgos: *externalización de la culpa, minimización* y *justificación* de su conducta violenta, *negación* de su comportamiento, etcétera.

Manipulación

Manipulación de las mujeres

Este rasgo o conducta de los hombres golpeadores se caracteriza por el uso de *racionalizaciones*, con el objeto de *manejar* la situación para lograr su *control*.

Estos hombres, tal como refiere Mercedes Rodríguez, manipulan a los demás para obtener sus propios fines. Para ellos el fin justifica los medios.

La misma sociedad, por las creencias, las ideas, los mitos y los estereotipos que hace circular a través de sus redes, promueve el lugar de dominación y poder intrafamiliar del hombre. Ellos llegan hasta la expresión de manifestaciones violentas, en los casos en que por su debilidad necesitan imponerse implementando estos medios.

Para poder controlar la situación y retener a su pareja, los maridos violentos descalifican las denuncias y justifican su accionar, con la intención de que pierdan efectividad. Por otro lado, su objetivo está dirigido a hacerle creer a la mujer que no va a poder vivir sin él, intentando que ella permanezca paralizada y perpetuar dicha situación. El fin de esta estrategia se debe a que es él quien no toleraría vivir sin ella por su dependencia afectiva, y por ello necesita convencerla con el argumento opuesto de que debe continuar a su lado.

Ejemplos para ilustrar esta conducta:

C: Varias veces nos peleamos. Ella se iba a lo del hermano y después volvía... hasta que una vez el hermano dijo que ella no estaba y cuando éste se fue le saqué todos los muebles de la casa.

En este ejemplo se aprecia que el entrevistado necesita *manipular a su mujer* a través de elementos materiales ("le saqué todos los muebles de la casa"). Emplea este método como medio de presión para que ella regrese.

Otro ejemplo similar del mismo hombre y en relación con la *manipulación de la mujer* por medio de instrumentos materiales:

S: Yo le cobré el sueldo a mi señora y me lo gasté.

Coord.: Ella debe estar ayudada por sus hermanos, pero ahora necesita más por la bebé.

C: Yo la usé, la plata, para que ella volviera.

Coord.: Si usted hubiera usado la plata como forma de presión, no la habría gastado.

C: Yo quería que ella volviera.

Este comportamiento del entrevistado no es excepcional, ya que en varias oportunidades le cobró el sueldo a la mujer y se lo gastó. Lo llamativo es que continúa concretando esta operación. Intenta *manipular a la esposa* a través del manejo de los bienes materiales para presionarla y retenerla a su lado.

Este hombre usa a su mujer, incluso en un momento lo infiere corrigiéndose de forma inmediata ("Yo la usé, la plata"). Usa a su cónyuge porque vive del dinero de ella sin tener en cuenta, siquiera, las necesidades de su hija.

Manipulación de los hijos

David Adams (1989) caracteriza la *manipulación de los hijos* sin hacer alusión a las otras modalidades de manipulación características de los golpeadores.

Los niños testigos de maltrato a sus madres se afectan indefectible- mente al estar expuestos a estas circunstancias. Según Adams, en las niñas y en los varones testigos de este tipo de abuso aparecen signos de inseguridad, agresividad, depresión. Estos chicos "sienten divididas sus lealtades entre la madre y el padre". Adams afirma que el hecho de haber sido testigos del maltrato de sus madres durante la niñez puede ser un "predictor significativo de futuros abusadores de esposas". Esta predic- ción es reforzada por Sonkin y Durphy como una de las causas de la violencia doméstica. Ella funciona incorporando el modelo que se repite en el accionar de situaciones y sistemas familiares futuros.

Adams señala que, con frecuencia, cuando las mujeres abusadas piden una orden de protección (Cambridge, Massachusetts, EE.UU.) se solicita al tribunal que decida sobre la tenencia de los hijos y se arregle el régimen de visitas paterno-filiales.

Este autor advierte sobre la necesidad de que, frente a estas decisio- nes, los jueces deberían ser cautelosos por la *manipulación* a la que re- curren los agresores. Muchas veces los maridos violentos utilizan las visitas para lograr el acceso a sus esposas. De esta forma puede verse comprometida no sólo la seguridad de la mujer maltratada sino la de los hijos. Algunos hombres golpeadores utilizan manifiestamente a los hijos para lograr sus objetivos. Los usan como emisarios o mensajeros, y los inducen a que espíen las actividades de la madre, o para que la convenzan del propósito que ellos persiguen: "que deje que papito regrese a casa".

Otro de los métodos empleados por los hombres golpeadores es crear conflictos sobre la tenencia y/o sobre la cuota de alimentos para los hijos. Esta estrategia, organizada y planificada, tiene por fin obligar a sus parejas a reconciliarse o a que retiren las denuncias penales que hicieron contra ellos.

Para Adams es fundamental que los fiscales y los jueces promuevan en las mujeres maltratadas el pedido o la solicitud de modificación en el régimen de visitas si el arreglo es violado, o si la mujer y/o sus hijos se encuentran en peligro.

Ejemplos de esta conducta en una de las entrevistas a los golpeadores:

B: Yo la veo a mi hija, que mi señora forma otra pareja, que mi hija está con otra familia. Pensar que va a ser otra persona que la acaricie, a mi hija. Ya no voy a poder verla como antes, o que vayan amigos de ese hombre, y no sé cómo la van a tratar a ella...

Coord.: O sea que una de las cuestiones por las que usted quiere estar en la casa es para controlar que todo esté como está.

B: Sí, de a poco. Yo veo el progreso de la casa, desde que estoy yo.

Este hombre implementa la *manipulación de su hija* por el temor de perder a la esposa, de que ella forme otra pareja. Su *imposibilidad de manifestar los sentimientos* de cólera y angustia lo llevan a hacer un desplazamiento hacia su hija, *manipulándola* de forma encubierta.

Frente a la intervención del coordinador, el entrevistado manifiesta explícitamente el *control* que necesita y quiere tener de su familia. Intenta afianzarse en ese lugar y busca la *complicidad del profesional* cuando refiere: "Yo veo el progreso de la casa, desde que estoy yo".

En síntesis, cuando este hombre habla del temor a separarse pone a la hija como excusa, pero habla del miedo a que su mujer se entregue a otro hombre, a que sea otro quien la acaricie.

En otra entrevista este hombre vuelve a demostrar esta característica:

B: Sí, y tengo algo que crece adentro.
Coord.: ¿Qué es lo que le crece?
B: No sé, no quiero separarme. Yo no sé si la quiero, pero me fijo por cómo va a ser con mis hijos, con los de los dos. No es que ella me ignora. Yo quiero quedarme en casa, pero no sé qué es lo que pasa.

En este ejemplo se observa que el entrevistado refiere no querer separarse y menciona las dudas acerca de sus sentimientos hacia la mujer. Lo que se aprecia, fundamentalmente, es su dependencia respecto de la esposa y la necesidad de permanecer con ella, ya sea por su inseguridad, aunque ya no la ame, o porque la sigue queriendo y se encuentra imposibilitado de expresar sus sentimientos por el temor a recibir su rechazo. Por eso dice no querer separarse por sus hijos, y *manipula* la situación respecto de ellos. La indefinición de la relación con la mujer es lo que lo pone mal, puesto que le imposibilita tener el *control* de la misma y por ello menciona la preocupación respecto de sus hijos, aunque en realidad está concretando la *manipulación* de los pequeños.

En este otro fragmento se observa otra modalidad de *manipulación de los hijos,* de otro golpeador:

D: Mi hija me dijo a los 14 años que si me separaba, se iba de la casa (esto ocurrió cuatro años atrás).

Coord.: ¿Por qué no le pregunta ahora si quiere o no que se separe?

El coordinador hace esta intervención dejando pendiente la ejecución de la consigna, puesto que actualmente el entrevistado no se lo preguntó a su hija. De esta forma se aprecia el modo como este hombre *manipula* el argumento de su hija con el objeto de permanecer al lado de la esposa. Este rasgo de *manipulación de su hija* se suma a otra característica del hombre violento, el hecho de que no cabe en sus esquemas que lo que ellos piensan (la amenaza de su hija de irse de la casa frente a la separación de los padres, hace cuatro años) pueda ser diferente en la realidad actual (lo que la hija quiere o piensa ahora).

En la entrevista, A también manifiesta este rasgo:

A: Mi mujer está alterada y no estoy dispuesto a dejarle a ella la educación de mi hijo, y vender la casa.

Aquí se evidencia la anticipación de este hombre respecto de su hijo; justifica su conducta *adjudicando la alteración* a su esposa. De este modo intenta *manipular* la situación ubicando en el mismo *status* al hijo y la casa, es decir intentando la *manipulación de la esposa* por medio de la *manipulación de su hijo y de un bien material, la vivienda.*

Manipulación de los profesionales

En la asistencia a los golpeadores se suele apreciar la táctica de seducción que implementan con el fin de manipular al profesional. Este recurso es típico de la *doble fachada* en los hombres violentos. El otro objetivo que persiguen es instaurarse en el lugar de la verdad, descalificando a la mujer. Existe en ellos la intención de buscar complicidad en la figura que funciona en el lugar del saber, el terapeuta, para minimizar y descalificar el discurso de la esposa.

Algunos ejemplos muestran esta conducta:

A: Estoy contento de venir acá, porque sé que hay profesionales responsables que se dedican a atender estos problemas.

En otro fragmento de la misma entrevista se observa igualmente esta manipulación a los profesionales:

A: Yo quiero que me ayuden a encontrar el modo de comportarme. Ella promueve situaciones para que yo grite, reaccione, o tengo que irme de la casa por un rato y volver, para evitar situaciones agresivas.

En esta frase se aprecia la *manipulación del entrevistador* que intenta hacer A. Éste solicita ayuda para encontrar el comportamiento adecuado, pero le adjudica la culpa de provocar situaciones de violencia a su mujer. El entrevistado busca la complicidad del terapeuta para lograr su objetivo.

Este otro ejemplo presenta la *manipulación de los profesionales* que intenta el mismo hombre:

A: Lo que yo no sé es cómo ustedes me pueden ayudar. Mi mujer está muy alterada y no estoy dispuesto a dejarle a ella toda la educación de mi hijo y vender la casa. Ése es uno de los motivos, la alteración en que está.

Nuevamente este señor intenta establecer una complicidad con el entrevistador, y señala a su mujer como alterada, incompetente y con conductas irracionales. Llega hasta a cuestionar la labor de los terapeutas, con el objeto de presionarlos para lograr la alianza.

Inhabilidad para resolver conflictos de forma no violenta

La *inhabilidad para comunicarse* está íntimamente ligada a la *inhabilidad para resolver conflictos en forma no violenta*.

Sonkin y Durphy (1989), al igual que Corsi (1991), coinciden en la necesidad de trabajar con los golpeadores sobre *el conflicto*, en cuanto a que éste no es malo y no debe ser evadido, ya que su presencia es inevitable. Al explicitarse esta situación, los hombres suelen sorprenderse, puesto que suponen que todo conflicto en la pareja debe ser rápidamente solucionado. Ésta es una de las razones por las cuales los agresores emplean la violencia como la forma más rápida y efectiva para que se termine el problema.

Los golpeadores, en la relación marital, presentan tendencia a actuar agresivamente luego de la acumulación de tensión, como única modalidad para poder liberarla.

David Wehner afirma que la *inhabilidad para resolver los conflictos en forma no violenta* se basa en que a estos hombres les resulta imposible diferenciar la cólera de otros estados de ánimo. Sonkin y Durphy, con una referencia similar a la de Wehner, argumentan que muchos golpeadores que asisten a los grupos piensan que el enojo y la violencia son una misma cosa. Cuando intentan controlar la violencia, tratan de tener el enojo bajo control. En su trabajo con agresores, estos autores puntualizan la índole saludable del enojo, como una emoción normal de sentir y expresarse. Explicitan que tratar de esconderlo o negarlo generalmente determina el desencadenamiento de la violencia. Uno de los medios no apropiados para expresar el enojo es la violencia, puesto que perjudica a otros, así como también a quienes la ejecutan.

Estos autores agregan, además, que expresar el enojo de forma espontánea y no intimidatoria detiene el aumento de la tensión, y así se evita un nuevo episodio de maltrato.

En este sentido, el mayor problema que presentan estos hombres es que no registran el momento en el que comienzan a enojarse, creciendo en ellos la tensión sin percibirla hasta la descarga.

Esta cuestión tiene sus raíces y antecedentes en la enseñanza que recibieron desde niños, sostenida desde la *socialización primaria* y la *socialización secundaria masculina.*

Sonkin, Del Martin y Walker (1985) refuerzan las ideas mencionadas y acotan que los hombres golpeadores tienen gran temor a expresar sus sentimientos. Esto se debe a que los hombres violentos, cuando experimentan emociones intensas, las asocian con reacciones violentas. Por tal motivo, estos autores se dedican a explicar y explicitar, en su trabajo, que los sentimientos intensos no producen violencia, y que ésta se relaciona con la incapacidad de tratar con esos sentimientos.

A continuación se ejemplifica este rasgo:

B: Yo quiero quedarme en casa, pero no sé qué es lo que pasa.

Coord.: A partir de las cosas que le pasan por la cabeza, ¿hubo situaciones en que la trató con violencia?

B: No, no hubo, pero ella dice otra cosa, como festejarle el cumpleaños a la nena, y después dice otra, que no lo festeja porque no alcanza la plata, y ahí se arma la discusión.

Coord.: Una cosa es una discusión y otra es la agresión.

B: Para mí no tiene que haber más discusión, pero ella dice: "¿Por qué no hay que discutir?", y yo no sé discutir.

Coord.: La discusión es buena para poder comunicarse y expresar las diferencias, o su enojo, sin tener que llegar a la agresión.

En este fragmento se observan las dificultades de este hombre para poder diferenciar el enojo de la violencia. Él quiere evitar la discusión porque teme que termine con el desencadenamiento de su agresión. Siente miedo de sus propias reacciones y por ello intenta evitar circunstancias que lo enojan no abriendo discusiones ni queriendo participar de ellas.

Este hombre no tolera las diferencias con su mujer, así como tampoco que ella cambie de opinión. Por tal motivo es que trata de evitar las discusiones, ya que, además, teme que en ellas surjan críticas a sus aspectos negativos que él mismo no quiere ver. Incluso aprecia que al rehuir las discusiones, no sólo intenta prevenir su explosión violenta, marcando un lugar superior de poder, sino que también evita que su esposa se ubique en un lugar de paridad frente a él, desde el que lo cuestione con acusaciones o críticas, tal como él hace con ella.

No se logran posiciones paralelas frente a las diferencias. Él necesita recuperar el poder por medio del silencio o de los golpes.

En la entrevista a otro golpeador, se vuelve a dibujar esta característica:

C: Otra vez, cuando discutimos, y porque ella me pegaba, yo la até a la cama.

En este ejemplo se aprecia que, además de adjudicarle la violencia a la mujer, este hombre refiere que la discusión terminó con una situación de control extrema, impuesta por él: "la até a la cama". Esto denota la imposibilidad de aceptar las diferencias, y controla la situación con el ejercicio de la violencia. Las dificultades para mantener una comunicación a nivel verbal determinan su *inhabilidad comunicacional y su inhabilidad para resolver conflictos de forma no violenta.*

En este pequeño fragmento se aprecia que este hombre atribuye la violencia a su esposa y frente a su temor a la pérdida de control de la situación llega a atarla a la cama. Ante la ausencia de la comunicación verbal, impone la comunicación autoritaria de la acción, el lenguaje conductual o analógico para lograr el sometimiento de su mujer.

UN MODELO DE INTERVENCIÓN GRUPAL CON HOMBRES QUE EJERCEN LA VIOLENCIA EN EL CONTEXTO DOMÉSTICO

Capítulo 9

LOS PROGRAMAS DE ASISTENCIA
A HOMBRES VIOLENTOS *

Jorge Corsi

Un estudio comparativo de la situación de distintos países en lo que concierne a la evolución del enfoque asistencial y preventivo de la violencia intrafamiliar muestra que las iniciativas gubernamentales y no gubernamentales siguen una secuencia en la que se pueden reconocer diversas etapas:

- En un primer momento, los esfuerzos se dirigen hacia la denuncia del problema, intentando instalar en la sociedad una conciencia progresiva de su gravedad.
- Casi simultáneamente, aparecen los primeros programas destinados a la atención de las víctimas de la violencia doméstica.
- Más tarde se intenta sistematizar los datos acerca de la problemática, con el énfasis puesto en la cuantificación del fenómeno y la descripción de sus formas más habituales.
- A la luz de los primeros resultados de la investigación, se formulan algunos proyectos y políticas tendientes a la prevención de la violencia intrafamiliar (incluyendo reformas legislativas, capacitación de los sectores de Salud, Educación y Justicia, y trabajo sistemático con los medios masivos de comunicación).
- Simultáneamente, comienza un proceso de evaluación de los resultados de los Programas de Asistencia a las Víctimas,

* El contenido de este capítulo formó parte de la ponencia presentada en el Seminario Internacional sobre Violencia Doméstica y Salud Reproductiva, El Colegio de México, D.F., noviembre de 1994.

implementados por organizaciones gubernamentales y no gubernamentales.

- Es en este momento cuando suele aparecer la necesidad de
generar un recurso de asistencia para los agentes perpetradores de
la violencia en el contexto doméstico, dado que el caudal de
mujeres participantes en los programas ha crecido lo suficiente
como para generar una presión tendiente a exigir que los hombres
se hagan cargo de su violencia y asuman el objetivo de su propia
rehabilitación. Otro argumento frecuente que abona esta necesidad, durante esta etapa, es la comprobación de que en los casos en
que las mujeres se divorcian de sus compañeros violentos, al poco
tiempo éstos vuelven a constituir una nueva pareja y la violencia
sólo se ha desplazado de una mujer a otra.

En la República Argentina estas etapas se han ido desarrollando
desde 1984, en coincidencia con la recuperación de las instituciones
democráticas.

Fue sólo a partir de 1991 cuando se pudo empezar a trabajar de forma organizada institucionalmente en programas para la atención de
hombres violentos. Con anterioridad, todos los esfuerzos fueron disper-
sos y con escasos o nulos resultados. A partir de la experiencia realizada,
podemos plantear la hipótesis de que la línea divisoria entre esfuerzos
productivos e improductivos en lo que respecta a los encuadres de
trabajo con los hombres violentos pasa por la consideración de tres ejes
simultáneos:

1. Abordaje individual – Abordaje grupal
2. Espacio privado – Espacio público institucional
3. Modelos específicos – Modelos inespecíficos

Hemos podido observar que los hombres tratados individualmente
en espacios privados (por ejemplo, el consultorio de un psicólogo
clínico) son los que menos respuesta positiva tienen en lo que respecta
a la modificación de su conducta violenta. Cuando son tratados individualmente en espacios públicos (por ejemplo, en un hospital), se
incrementa el grado de control sobre su conducta violenta, pero la

deserción es temprana y no suelen perdurar los logros obtenidos. En ambos casos de abordajes individuales, el/la profesional interviniente debe enfrentarse con una actitud poco colaboradora por parte del hombre, o bien un intento de desviar el eje del tratamiento hacia otras cuestiones alejadas de su conducta violenta. Esta actitud sufre un cambio cualitativo cuando se puede acceder a las formas grupales de abordaje. La inclusión del hombre en un grupo opera a modo de neutralizador de sus habituales mecanismos de minimización, atribución causal externa y desresponsabilización de las consecuencias de su conducta. El hombre puede comenzar a percibirse a sí mismo como incluido dentro de un conjunto de hombres que comparten formas de sentir, pensar y actuar y, en consecuencia, puede ver con más claridad en los otros aquellos rasgos que se niega a reconocer como propios.

El modelo de grupo para hombres violentos, contextualizado en un espacio público-institucional, es el que mejor responde a los objetivos planteados en el trabajo, a saber:

1. Controlar y detener la conducta violenta.
2. Mejorar las habilidades sociales y comunicacionales.
3. Promover la flexibilización de los roles de género estereotipados.
4. Disminuir el aislamiento social.
5. Revisar creencias culturales que contribuyen a legitimar la violencia.
6. Incrementar la autoestima y la asertividad.

Esto se relaciona con el tercero de los ejes planteados: la utilización de modelos teórico-técnicos específicos para el trabajo en violencia doméstica. Se entiende por modelos específicos aquellos que consideran el *corpus* teórico derivado de las investigaciones específicas en el campo de la violencia familiar, y adoptan una metodología acorde con el objetivo primario de preservar la integridad física y psíquica de las víctimas, anteponiéndolo a cualquiera otra consideración de orden teórico o técnico.

Los modelos inespecíficos, en cambio, intentan aplicar metodologías de abordaje que son comunes a otras problemáticas (por ejemplo tratamientos psicoanalíticos, terapias familiares, etcétera), sin considerar la especificidad del fenómeno de la violencia doméstica entendida como problema social.

En suma, la experiencia obtenida hasta el momento en el campo de los programas de recuperación de hombres violentos nos indica la conveniencia de utilizar modelos específicos, con formato grupal y en contextos institucionales, ya que de ese modo se contribuye a romper con el aislamiento y la privacidad, elementos que perpetúan la violencia como método para mantener el control dentro de las relaciones íntimas.

Puntos de partida

Tal como lo señalamos en la Primera parte de este libro, partimos de la consideración de la conducta violenta en el medio intrafamiliar como un emergente de las relaciones de poder dentro de la familia. Entendida como una forma de uso abusivo del poder, la violencia masculina está atravesada por legitimaciones culturales que devienen de la socialización de género. Por lo tanto, nuestro trabajo en el campo de la violencia doméstica no puede dejar de apoyarse en los dos pilares conceptuales representados por las nociones de *poder* y *género*.

Desde ese punto de vista, el trabajo con los hombres violentos está orientado hacia el logro de un nuevo equilibrio de poder, que tienda a horizontalizar los vínculos intergenéricos, y a una revisión profunda de los estereotipos de género que están en la base de los sistemas masculinos de creencias, y que legitiman la violencia ejercida hacia las mujeres.

Para conceptualizar en términos psicosociales el problema de la violencia masculina intrafamiliar tomamos en consideración un modelo que identifique, en su interacción recíproca, los aspectos cognitivos, afectivos y comportamentales para delimitar el perfil de los hombres violentos (véase el cuadro 1). Tal como fueron desarrollados en la Primera y la Segunda parte de esta obra, los rasgos distintivos que permiten la identificación de los hombres que ejercen la violencia en el ámbito doméstico han sido agrupados de modo de proporcionar un instrumento descriptivo, y a la vez operativo. Al mismo tiempo que permite describir las características centrales de estos hombres, el modelo pro-

CUADRO 1

POLO COGNITIVO
(Pensamientos, creencias, suposiciones)

- Minimizar las consecuencias de sus acciones.
- Sostener expectativas elevadas y poco realistas respecto de la mujer o de la relación.
- No definir su conducta como violenta.
- Creer que la mujer es la que provocó su reacción.
- Justificar su conducta basándose en la intención de corregir o educar.
- Creer que el hombre debe ejercer la jefatura en el hogar.
- Creer que la mujer y los hijos deben obedecerlo.
- Atribuir la causa de su conducta a factores externos.
- Suponer o imaginar situaciones negativas.
- Percibirse a sí mismo como perjudicado.

POLO COMPORTAMENTAL
(Acciones)

- Disociar conducta pública y privada.
- Actuar impulsivamente.
- Aislarse de los demás.
- Adoptar conductas posesivas.
- Adoptar conductas dependientes.
- Expresar la mayoría de sus emociones bajo la forma de enojos.
- Controlar y dominar.
- Adoptar conductas rígidas e inflexibles.
- Tomar decisiones unilateralmente.
- Forzar situaciones sexuales.
- Abusar del alcohol o drogas.
- Tener conductas autodestructivas.
- Hostigar, insultar, amenazar.
- Arrojar y romper objetos.
- Golpear, patear, sacudir.
- Utilizar armas y objetos para atacar.

POLO AFECTIVO
(Sentimientos, emociones)

- Restricción emocional.
- Acumulación de estados afectivos que no se expresan.
- Frustración.
- Depresión.
- Autodesvalorización.
- Sentimientos de impotencia.
- Sentimientos de indefensión.
- Temores.
- Insatisfacción.
- Celos.
- Necesidad de venganza.

porciona los elementos básicos sobre los que se debe intervenir en el transcurso de un programa de tratamiento. Cada una de las características incluidas en el cuadro 1 representa una guía para formular los objetivos de las intervenciones.

Aspectos metodológicos

En los comienzos de nuestro trabajo, adoptamos como guías metodológicas las propuestas por Sonkin y Durphy (1982) en Estados Unidos, y David Currie (1985) en Canadá. Básicamente, se trata de modelos grupales de duración limitada a un cierto número de reuniones, con tareas programadas que adoptan un formato psicoeducativo.[1] Luego de nuestras primeras experiencias, y realizada su evaluación, consideramos conveniente introducir modificaciones en el formato del tratamiento para adecuarlo a nuestra realidad social y cultural. El modelo de grupo cerrado y de duración limitada resultó insatisfactorio, ya que el alto porcentaje de deserción que caracteriza a los hombres violentos que ingresan a programas específicos hacía que se pusiera permanentemente en riesgo la continuidad del grupo por ausencias o deserciones de los integrantes. Por otra parte, la característica de grupo cerrado favorecía el establecimiento de alianzas entre los participantes para cuestionar los objetivos propuestos por los coordinadores.

En los dos últimos años hemos introducido algunas modificaciones metodológicas que han mejorado notablemente la efectividad de nuestro trabajo. En primer lugar, hemos definido dos niveles para el trabajo grupal: *nivel inicial* y *nivel avanzado*.

En el nivel inicial se trabaja con un formato de *grupo abierto*. Esto significa que, una vez cumplidas la o las entrevistas de admisión –que tienen como objetivo evaluar la pertinencia de la consulta y la aptitud del hombre para ser incluido en un grupo–, los hombres ingresan en el grupo, donde son recibidos por los coordinadores[2] y por otros inte-

---

1. Para una descripción del modelo, véase también Suárez Loto, S.: "Masculinidad y violencia", en Corsi, J.: *Violencia familiar*, Buenos Aires, Paidós, 1994.
2. Es deseable que los grupos estén coordinados por más de una persona, dado que la tarea es muy exigente y tensionante. La co-coordinación alivia ese peso y, al mismo

grantes del grupo con distintos tiempos de pertenencia. Esto implica que cuando un nuevo miembro se incorpora, percibe de inmediato una estructura grupal en funcionamiento y necesita rápidamente adecuarse a ella. Hemos observado que un fenómeno derivado es que disminuyen notablemente los esfuerzos que los hombres realizan para minimizar, negar u ocultar su conducta violenta, ya que observan en los otros miembros una actitud de responsabilidad por su violencia. Al mismo tiempo, los participantes más antiguos colaboran transmitiendo su experiencia a los nuevos miembros, lo cual es aceptado de mejor grado que cuando las consignas son expuestas por los coordinadores, a los que inicialmente se los suele identificar como una especie de "jueces".

En el transcurso de este primer nivel de grupo, se trabaja fundamentalmente con el objetivo de detener la conducta violenta. Se privilegia, por lo tanto, la tarea con el polo comportamental. Los objetivos iniciales tienden a lograr que los hombres se responsabilicen por su conducta violenta, y que revean el hecho de atribuirla a factores externos.

El pasaje de un miembro del grupo de nivel inicial al grupo de nivel avanzado depende de dos condiciones:

1. Que haya cesado la conducta violenta (hecho verificado por el testimonio de la mujer, en el caso en que la convivencia continúe).
2. Que exprese claramente su necesidad de cambio, asumida como decisión propia y no como resultado de presiones externas.

El grupo de segundo nivel, o avanzado, adopta, por lo tanto, un formato semicerrado, ya que la incorporación de nuevos miembros se realiza periódicamente, permitiendo así un trabajo más personalizado y con mayor compromiso en la tarea de los miembros del grupo. En este nivel suele focalizarse el trabajo alrededor de la violencia emocional, con el empleo de técnicas de *role-playing*, entrenamiento en asertividad y en comunicación interpersonal y, fundamentalmente, se promueve el

---

tiempo, permite mostrar a los integrantes un modelo distinto de interacción. Hablamos de "coordinadores" en masculino, ya que consideramos conveniente que los grupos sean coordinados por profesionales varones, en la convicción de que somos los hombres quienes tenemos que responsabilizarnos de luchar contra la violencia ejercida contra las mujeres.

trabajo con las propias emociones y su expresión. Los hombres que acceden a este nivel también proponen el trabajo con aspectos dolorosos de su propia historia, ya que la mayoría de ellos son sobrevivientes de diversas formas de abuso, maltrato y abandono durante la infancia.

El egreso del grupo se produce de forma individual, en la medida en que se evalúa positivamente el cambio logrado a través de la apreciación del propio hombre, de su compañera y de los coordinadores.

Resulta importante destacar que, aun en los casos en que se produce el egreso del programa, la consigna recibida por los hombres que participan en él es que en ningún momento deben considerarse "curados" en lo que se refiere a su potencial de violencia. Se redefine la nueva habilidad que han adquirido para resolver conflictos interpersonales de forma no violenta, pero ello requiere una tarea permanente de autocontrol y de afianzamiento de los logros obtenidos.

Una vez planteado en general el abordaje de la problemática de los hombres que ejercen la violencia en el contexto doméstico, nos detendremos ahora en la consideración de cada momento en particular del proceso que hemos esbozado más arriba.

Capítulo 10

LOS MODELOS DE ASISTENCIA

Jorge Corsi y Miguel Ángel Sotés

Como ya fue analizado en la Primera parte de este libro, a lo largo de los últimos veinte años se han utilizado distintos modelos explicativos con el propósito de entender y abordar la problemática de la violencia familiar, modelos de los cuales se derivan los correspondientes formatos de tratamiento y asistencia. Esto da cuenta de la creciente preocupación social, orientada a la búsqueda de marcos conceptuales más amplios, a fin de encontrar modelos de asistencia que puedan brindar respuestas más específicas al problema.

Los primeros modelos de asistencia se desprendieron de la concepción según la cual la persona que ejercía violencia en el hogar era víctima de trastornos mentales, por lo cual la violencia familiar era reducida a un plano individual y patológico, y el único modelo asistencial posible era el representado por las terapias tradicionales y/o la prescripción de psicofármacos.

Este modelo explicativo no pudo aclarar por qué la "enfermedad mental" que produciría la conducta violenta se manifestaba, en la mayoría de los casos, exclusivamente contra la esposa y/o los hijos, y dentro de los límites de la privacidad del hogar. Es sabido que ninguna enfermedad puede ser manejada según los deseos selectivos de quien la padece.

En la actualidad, numerosos trabajos dan cuenta de que el concepto de enfermedad aplicado a la violencia familiar –como desprendimiento del Modelo Médico Asistencial– no sólo es inexacto sino que contribuye a disminuir la responsabilidad de los agresores por su conducta (lo cual, en términos jurídicos, se traduce en inimputabilidad). Una característica común a los modelos que parten del concepto de enfermedad es que definen a la víctima –su compañera– como corresponsable del tratamiento de su compañero, y por consiguiente, la efectividad o no de dicho tratamiento también depende de ella; con esta perspectiva se invierte peligrosamente la situación, y se confunde el lugar real de los protagonistas.

Otra variante del modelo anterior es la que relaciona el comportamiento del hombre violento con el consumo de alcohol y de drogas. En realidad, alcohol y drogas son agravantes o facilitadores de la conducta violenta, pero no sus causas. La experiencia asistencial muestra que el consumo de alcohol, cuando antecede al episodio de violencia, posteriormente es utilizado como motivo de disculpa, y esta vez el alcohol o la sustancia ingerida cargará con la responsabilidad de la conducta violenta. "Si no hubiera tomado no habría hecho esto", dirá él; "Cuando no toma es un hombre buenísimo", dirá ella.

Aun cuando no los consideremos factores causales, la existencia de estos elementos que potencian el riesgo de la conducta violenta debe ser siempre tenida en cuenta para hacer las derivaciones correspondientes a servicios especializados en el tratamiento específico de las adicciones, los que, según la cronicidad y la gravedad del cuadro de ingesta de alcohol o sustancias, serán prioritarios al tratamiento de la violencia, o bien paralelos a él.

Los modelos de asistencia son el producto de una cosmovisión muchas veces no explícita, pero que se visibiliza en la implementación del tratamiento elegido, o bien con la explicación que se intenta dar al problema. Con frecuencia, están atravesados por ideas sin suficiente apoyo empírico, aunque socialmente aceptadas como verdaderas acerca de "lo normal" y "lo anormal" en el comportamiento humano, que se constituyen en mitos y estereotipos que sustentan la discriminación de género, ocultos bajo la apariencia de teorías científicas. La hipótesis de que el comportamiento de la víctima es la causa de la reacción violenta en el hombre no sólo es utilizada por los mismos hombres sino que constituye un prejuicio enquistado en la sociedad y, como tal, orienta las teorías de los profesionales, al momento de tratar de entender y explicar esta problemática, en la cual la discriminación y la desvalorización histórica de la mujer constituyen elementos siempre presentes.

Los modelos sociológicos sí han tenido en cuenta el factor de la discriminación y el dominio del hombre hacia la mujer en tanto elementos constitutivos de la cultura patriarcal, así como también han tomado en cuenta, para la explicación del problema, distintas variables tales como la clase social, el impacto del estrés, la distribución de roles y del poder en la sociedad y la familia, etcétera. Este modelo conceptual, si bien aporta nociones de indudable importancia, no puede explicar la totalidad de la problemática; por otra parte, esta macrolectura tampoco puede derivarse metodológicamente en modelos de asistencia concretos, pues los cambios socioeconómicos, ideológicos y culturales que son su basamento tardan muchísmo tiempo en producirse. No obstante, posibilita el diseño de estrategias de prevención a pequeña escala, especialmente en el área educativa, en lo referente a la horizontalidad del poder entre hombres y mujeres, la no discriminación de género, etcétera.

Como hemos visto, los distintos modelos conceptuales suelen reducir el problema a la óptica parcial de cada disciplina: los teóricos de la enfermedad mental y el uso de alcohol o sustancias se centran en el individuo casi exclusivamente, y a veces incluyen también su entorno familiar, pero en los hechos no consideran las influencias sociales más abarcativas; el modelo sociológico sí las contempla, y se centra en ellas pero sin poder profundizar otros niveles de análisis.

El modelo ecológico, propuesto por Urie Brofenbrenner (1979) y adaptado por Corsi (1994) a la problemática de la violencia familiar, aporta, en primer lugar, el concepto de *persona en desarrollo,* y marca así lo dinámico de la existencia humana, que siempre interactúa dialécticamente con su entorno, es decir lo modifica a la vez que es modificada por él.

Es cierto que el concepto de interacción entre organismo y ambiente ha sido aceptado desde hace mucho tiempo por diferentes investigadores, y que en la actualidad nadie negaría la influencia del ambiente en la conducta humana. Sin embargo, las lecturas tradicionales, en una búsqueda bien intencionada de respuestas más abarcativas, se centraron en el análisis de estos dos elementos por separado o, a lo sumo, de cómo uno influía sobre el otro.

En su trabajo, Corsi (1994) señala:

Desde una perspectiva ecológica, necesitamos considerar simultáneamente los distintos contextos en los que se desarrolla una persona, si no queremos recortarla y aislarla de su entorno ecológico:

a. El contexto más amplio (macrosistema) nos remite a las formas de organización social, los sistemas de creencias y los estilos de vida que prevalecen en una cultura o subcultura en particular. Son patrones generalizados que impregnan los distintos estamentos de una sociedad (por ejemplo, la cultura patriarcal).

b. El segundo nivel (exosistema) está compuesto por la comunidad más próxima, que incluye las instituciones mediadoras entre el nivel de la cultura y el nivel individual: la escuela, la iglesia, los medios de comunicación, los ámbitos laborales, las instituciones recreativas, los organismos judiciales y de seguridad.

c. El contexto más reducido (microsistema) se refiere a las relaciones cara a cara que constituyen la red vincular más próxima a la persona. Dentro de esa red, juega un papel privilegiado la familia, entendida como estructura básica del microsistema.

El enfoque ecológico se centra en las relaciones mutuas que *siempre* existen en todos los entornos, y no solamente dentro de cada uno de ellos. La adaptación de este modelo –que permite construir un marco conceptual integrativo que considera simultáneamente todos estos niveles de análisis– realizada por Corsi (1994) implicó la inclusión de un nivel individual como un subsistema dentro del microsistema, y que puede ser analizado desde cuatro dimensiones psicológicas interdependientes: cognitiva, conductual, psicodinámica e interaccional.

En lo que respecta al problema específico de la violencia masculina intrafamiliar, la aplicación de este modelo para su comprensión implica la consideración simultánea de factores *macrosistémicos* (valores culturales acerca de la masculinidad), factores *exosistémicos* (las instituciones educativas, laborales, deportivas, como reforzadoras de los mecanismos de competitividad y resolución violenta de conflictos) y factores *microsistémicos* (los modelos de relación interpersonal proporcionados por la familia de origen). Además, las características psicológicas de los hombres violentos, ya descritas en capítulos anteriores, pueden ser agrupadas según el criterio de las cuatro dimensiones incorporadas por Corsi (1994) al modelo ecológico:

a. *Dimensión conductual.* El hombre violento suele adoptar modalidades conductuales disociadas: en el ámbito público se muestra como una persona equilibrada y, en la mayoría de los casos, no trasunta en su conducta nada que haga pensar en actitudes violentas. En el ámbito privado, en cambio, se comporta de modo amenazante, utiliza agresiones verbales, actitudinales y físicas, como si se transformara en otra persona. Su conducta se caracteriza por estar siempre "a la defensiva" y por la posesividad respecto de su pareja.

b. *Dimensión cognitiva.* El hombre violento tiene una percepción rígida y estructurada de la realidad. Sus ideas son cerradas, con pocas posibilidades reales de ser revisadas. Percibe a su mujer como "provocadora": tiene una especie de lente de aumento para observar cada pequeño detalle de la conducta de ella; en cambio, le resulta extraordinariamente difícil observarse a sí mismo, sus sensaciones y sentimientos y, por lo tanto, suele confundir miedo con rabia, o inseguridad con ira. Realiza permanentes movimientos de minimización cognitiva acerca de las consecuencias de su propia conducta y de maximización perceptual de los estímulos que la "provocan". También suele tener una fuerte tendencia a confundir con la realidad sus suposiciones imaginarias acerca de su mujer y, por lo tanto, actuar en función imaginaria (por ejemplo, en las reacciones celotípicas).

c. *Dimensión interaccional.* La violencia en la pareja no es permanente, sino que se da por ciclos; la interacción varía desde períodos de calma y afecto hasta situaciones de violencia que pueden llegar a poner en peligro la vida. El vínculo que se va construyendo es dependiente y posesivo, con una fuerte asimetría. Los primeros síntomas se pueden percibir durante el noviazgo, cuando la interacción comienza a caracterizarse por los intentos del hombre por controlar la relación, es decir, controlar la información, las decisiones, la conducta de ella, e incluso sus ideas o formas de pensar. Cuando el control de la relación se ha establecido, debe mantenerse a través de métodos que pueden incluir la violencia. Se produce entonces un juego de roles complementarios, según el cual una mujer socializada para la sumisión y la obediencia es la pieza complementaria del engranaje que conforma junto con un hombre socializado para ser ganador, controlar las situaciones y asumir el liderazgo.

d. *Dimensión psicodinámica.* Un hombre violento puede haber internalizado pautas de resolución de conflictos a partir de su más temprana infancia. Cuando la demanda externa se le vuelve insoportable, necesita terminar rápidamente con la situación que la genera, y él ha aprendido que la vía violenta es la más rápida y efectiva para aliviar la tensión. La identidad masculina tradicional se construye sobre la base de dos procesos psicológicos simultáneos y complementarios: un hiperdesarrollo del "yo exterior" (hacer, lograr, actuar) y una represión de la esfera emocional. Para poder mantener el equilibrio de ambos procesos, el hombre necesita ejercer un permanente autocontrol que regule la exteriorización de sentimientos tales como el dolor, la tristeza, el placer, el temor, etcétera, como una forma de preservar su identidad masculina. El hombre violento se caracteriza, pues, por la inexpresividad emocional, la baja autoestima, la escasa habilidad para la comunicación verbal de sus sentimientos, la resistencia al autoconocimiento y la proyección de la responsabilidad y de la culpa.

Un modelo de abordaje para la rehabilitación de los hombres violentos basado en este marco conceptual integrativo tendrá que trabajar simultáneamente con todos los elementos que forman parte del problema, como se verá más adelante. Así, no podemos centrarnos exclusivamente en factores intrapsíquicos, ni exclusivamente en la revisión de los estereotipos culturales, pero tampoco podemos dejar de trabajar con cada uno de esos niveles.

A continuación, veremos algunos aspectos específicos relativos a la aplicación de nuestro modelo de trabajo.

Capítulo 11

LA ADMISIÓN

Jorge Corsi y Miguel Ángel Sotés

De acuerdo con Sonkin y otros (1985), cuando un hombre llega a un servicio especializado en violencia doméstica, quienes están a cargo de su admisión deben poder evaluar en esas primeras entrevistas:

1. El grado de peligrosidad actual de la conducta violenta.
2. El grado de motivación para el cambio.
3. La posibilidad de su inclusión en un grupo.

En el común de los casos, es la primera vez que solicita ayuda, y pese a todas las dificultades que tiene para hablar acerca de su problema, lo hará a su manera, la única que aprendió: hablando casi todo el tiempo *de ella*, de cómo los problemas *de ella* "provocan" las situaciones violentas, *de ella* como responsable de todos sus males. Este discurso característico, presente en la mayoría de las admisiones, muestra al menos dos aspectos interesantes para tener en cuenta: por un lado es muy poco –o nada– lo que este hombre puede decirnos de sí mismo, de lo que él siente, de la responsabilidad que le corresponde dentro de las situaciones que él mismo describe, lo que obliga a "adivinar" lo que él no cuenta. En cambio, da un pormenorizado detalle del accionar de su compañera, descrito tan minuciosamente que un interlocutor no interiorizado en la temática de la violencia familiar podría dejarse atrapar fácilmente en el seductor hilo narrativo.

Por esta particular estructura de su discurso, estos hombres consiguen con bastante facilidad que familiares, amigos, vecinos y compañeros de trabajo, tanto de su entorno como del de la víctima, se pongan de su lado y les den la razón, lo cual no los ayuda en absoluto porque seguirán reforzando sus ideas deformadas del conflicto, al mismo tiempo que su habilidad para convencer a los demás, entre quienes se encuentran muchas veces profesionales intervinientes sin formación adecuada en el tema.

Por otro lado, este monólogo con el que habitualmente nos encontramos se levanta a modo de una pared infranqueable de palabras, dando una característica muy particular a estas formas de "no-comunicación": el hombre considera importante sólo lo que él quiere decir, y la persona con la que circunstancialmente habla es convertida en una simple depositaria, obligada a escuchar pasivamente, ignorada en sus gestos o en sus intentos de transformar el monólogo en diálogo.

Este doble mensaje –"te hablo, pero al mismo tiempo te ignoro"– es el mismo que utiliza en su vínculo conyugal, lo cual produce confusión y desconcierto en las mujeres, quienes muchas veces se culpan a sí mismas por no entenderlos, sin darse cuenta de que la razón de su malestar es el hecho de estar siendo usadas a modo de descarga, sin que sean considerados sus opiniones, sus ideas ni sus sentimientos. Por lo tanto, el *feedback* no existe, y este monólogo es utilizado para "hablar sin decir, y sin dejar decir a los demás". Su aplicación también es cíclica, es decir que se repetirá una y otra vez casi mecánicamente y sin salida posible.

Durante la entrevista de admisión podemos evaluar el grado de rigidez que adopta esta modalidad comunicativa. En su transcurso, será escuchado atentamente; pero al mismo tiempo se le darán pautas claras: se le anticipará que va a ser interrumpido las veces que sea necesario para solicitarle que amplíe detalles y para ayudarlo a precisar sus respuestas, ya que no serviría de nada utilizar la entrevista para hablar de los problemas de su mujer, puesto que estamos allí para ayudarlo a resolver un problema y no para ayudarlo a cambiar a la otra persona. Nos ofrecemos a ayudarlo a él, que nos ha consultado voluntariamente, y le informamos que la experiencia nos muestra que siempre se producen modificaciones en una relación cuando al menos una de las partes comienza a producir cambios. También le señalamos, desde este primer momento, que él sólo puede proponerse objetivos de cambio sobre sí mismo, no sobre los otros.

Como se observará, desde la primera entrevista de admisión necesitamos trabajar con la puesta de límites y con la focalización en la tarea, ya que es necesario neutralizar la tendencia a la dispersión y a la confusión hacia donde nos suele conducir el discurso del hombre violento.

Al mismo tiempo, siempre sugerimos la conveniencia de que la mujer concurra a algún servicio especializado en la atención de mujeres maltratadas, ya que de ese modo podría ayudarse mejor a sí misma, y ayudarlo a él en este proceso de recuperación.

Como parte de las consignas iniciales se le aclara que, cuando lo consideremos necesario, nos pondremos en contacto con su compañera, con el propósito de conocer los puntos de vista de ella en relación con la evolución del problema y, en consecuencia, hacer los ajustes necesarios en la formulación de los objetivos del tratamiento.

Otro aspecto que requiere aclaración e información durante esta o estas primeras entrevistas, es que no figura entre los objetivos del tratamiento el propiciar la unión o la separación con su pareja. Este dato suele contradecir las expectativas con las que el hombre se acerca al servicio especializado, verbalizadas habitualmente del siguiente modo: "Vengo para que me ayuden a salvar a mi familia". No aceptar esta demanda, explícita o implícita, resulta esencial para la adecuada focalización del problema, ya que es necesario que comience su proceso de recuperación con el claro objetivo de modificar su conducta violenta, independientemente del futuro de su vínculo actual. La característica de dependencia emocional, ya señalada cuando analizamos los aspectos psicológicos del hombre violento, hace que le resulte casi imposible, en un primer momento, aceptar objetivos de cambio que se circunscriban a su persona.[3]

Nuestro objetivo mínimo inicial es lograr que acepte que tiene un problema relacionado con su conducta violenta, y que exprese su deseo

---

3. Desde un punto de vista conceptual, conocemos la imposibilidad de tomar a una persona aislada de sus vínculos, pero en este caso estamos partiendo de un punto de vista estratégico, ya que el objetivo de que los hombres violentos se responsabilicen de las consecuencias de su conducta comienza a lograrse cuando pueden proponerse metas en relación consigo mismos.

de modificarla. Dicho en otras palabras, en este momento necesitamos ayudarlo a transformar una *presión externa* en una *motivación propia*. Esta tarea se lleva a cabo durante la aplicación del instrumento que utilizamos para este momento del proceso (la Ficha de Admisión),[4] pidiéndole que ejemplifique lo que nos cuenta en cada situación de violencia que haya ocurrido, orientándolo para que registre e identifique qué sintió en ese momento, qué cree que podría haber hecho para que la situación tuviera una resolución no violenta, etcétera. Intentamos que comience a percibirse como protagonista activo de lo que hizo (golpes, insultos, rotura de objetos) y de lo que, por omisión, también daña a otros (silencios, gestos de burla, ironías, sarcasmo, abandono).

Además de sus intentos de convencernos de que la culpa no es de él, su necesidad de hablar también es muy grande, y resulta interesante todo lo que cuenta porque su relato es un escenario que permite mostrarle, en sus propios ejemplos, sus dificultades para expresar lo que siente, para comunicarse adecuadamente, para reconocer el ciclo de la violencia, etcétera. Asimismo, se pueden comenzar a explorar preliminarmente sus ideas y creencias erróneas (mitos y estereotipos) acerca de lo que es ser varón y ser mujer, además de registrar y reconocer la violencia que sufrió y aprendió en su propia familia de origen.

La utilización de la Ficha de Admisión permite evaluar su situación de manera más completa, y así poder seleccionar la mejor estrategia para que acepte recibir ayuda, haciendo los ajustes necesarios para cada caso.

Un dato que conviene tener siempre presente es el hecho de que ésta puede ser la primera y última vez que este hombre concurra al Servicio. La Ficha de Admisión fue pensada y diseñada de modo tal que, aunque sea el único contacto que tengamos con el hombre, éste se lleve algo que le pueda ser de utilidad: relacionar, quizá por primera vez, su comportamiento violento con distintas situaciones de su vida, en las que nada tuvo que ver su pareja actual; sus modelos de crianza, la violencia que sufrió como víctima o como testigo obligado en su familia de origen; el saber que la conducta violenta no es algo heredado bio-

---

4. Véase el Apéndice 2, en el cual incluimos la Ficha de Admisión utilizada como instrumento de evaluación.

lógicamente ni una enfermedad, sino que se relaciona con modelos familiares y sociales aprendidos y que, por lo tanto, *es posible* cambiarla. Conocer las causas de su comportamiento –que los daña a ellos como personas al mismo tiempo que daña a otros– les produce siempre un cierto alivio; este "saber consciente" es una llave que permitirá empezar a bucear en sus experiencias pasadas como único camino para encontrar el verdadero origen de sus comportamientos violentos y así poder modificarlos.

Detrás de cada hombre que nos consulta encontramos a una persona que sufre. Cuando escuchamos sus historias de niños maltratados –en su gran mayoría lo fueron–, podemos entender su comportamiento actual. Entender, que de ninguna manera es sinónimo de justificar, ni significa perder de vista el daño que la conducta violenta produce en su entorno.

Los hombres que maltratan no son culpables, pero sí responsables del daño que provocan. Cuando ellos eran niños, muchas veces fueron víctimas de otras personas que abusaron de su poder sobre ellos (como agravante, en épocas en que el maltrato hacia los niños era bien visto como método disciplinario en los ámbitos familiar y educativo, y por lo tanto, gozaba de una impunidad que afortunadamente va perdiendo en la actualidad). Si desde esta óptica profundizamos el análisis, nos encontramos con una larga cadena formada por hijos maltratados por sus padres (o adultos que cumplieron esos roles), los que, a su vez, habían sido maltratados cuando niños, y así sucesivamente. Por esta razón, investigadores y especialistas en violencia familiar afirman que la violencia tiene *características de epidemia*, que se extiende de generación en generación.

Cortar un eslabón de esta cadena de malos tratos significa empezar a trabajar en la liberación propia, y evitar una "herencia" nefasta a la descendencia futura.

Si podemos transmitirle adecuadamente este mensaje durante el proceso de admisión, nos acercaremos al logro de nuestro objetivo de transformar las presiones externas en motivaciones propias, ya que, por una parte, el hombre que nos consulta dejará de percibirnos como "jueces" o "fiscales" y, por la otra, podrá comprender la "cadena de victimización" en la que está incluido, ampliando su percepción del problema.

Sin embargo, no podemos dejar de señalar que, aun cuando seamos muy cuidadosos en lo que respecta a la claridad de nuestros mensajes, es habitual que su significado sea distorsionado por razones que tienen que ver con el particular modo como estos hombres procesan cognitivamente los datos de la realidad, tal como fue descrito más arriba.

La resistencia a la consulta

No resulta novedoso comprobar que, en nuestra sociedad patriarcal, a los hombres nos cuesta mucho pedir ayuda. Los "mandatos" sociales nos han ido modelando desde el momento en que nacemos, y aun desde antes; padres, familia, grupo de pares, escuela, van imprimiendo –directa o indirectamente– las características del varón que la sociedad acepta, y por lo tanto, espera de nosotros. "El hombre macho no debe llorar", reza la letra de un tango muy conocido, y se podría enumerar cantidad de frases, dichos y refranes populares que refuerzan e imprimen al varón rígidos estereotipos de género: no llorar, no expresar sentimientos, no pedir. Como si la interioridad de los hombres no debiera ser mostrada para nada, porque el área de los sentimientos se halla vinculada a lo femenino, tal como fue analizado en la Primera parte de este libro.

La incorporación rígida de estos estereotipos masculinos tiene un nefasto resultado: los hombres vamos perdiendo la capacidad de escuchar los mensajes que nos envía nuestro propio cuerpo ante distintas situaciones cotidianas generadoras de sentimientos de angustia, dolor e impotencia. Es muy común comprobar que las historias clínicas familiares existentes en hospitales y centros de salud pertenecen, en su gran mayoría, a mujeres. Los hombres de la familia rara vez solicitan atención sanitaria, y el escaso número de ellos que lo hace se debe generalmente a accidentes. "Mi marido dice cuando le duele algo: 'Con este dolor yo no nací; así como vino, así se va a ir'". Esta mujer expresaba sin saberlo el estereotipo genérico que aprisionaba a su esposo y que lo hacía refractario al cuidado de su propio cuerpo.

Cuando las situaciones de violencia familiar trascienden la frontera de los hogares, y las mujeres –asesoramiento mediante– empiezan a poner límites al marido agresor, éste muchas veces vislumbra la consulta específica al Servicᵒ de Atención a Hombres Violentos como una posibilidad de "aplacar los ánimos" de su compañera. En muchísimos casos las mujeres no quieren que el hombre vaya preso, o que el peso de la ley le haga daño, sino que él no la golpee ni la insulte más: éste es un aspecto de vital importancia a tener en cuenta para poder entender el comportamiento de las mujeres víctimas desde un plano diferente del argumento vulgar y estereotipado de que a las mujeres maltratadas les gusta que las golpeen. Esta actitud, en cambio, es una muestra más de cariño de parte de ellas, una nueva oportunidad que le dan al padre de sus hijos –de quien estuvieron o aún están enamoradas– para que cambie su conducta abusiva.

Otras veces la magnitud y la gravedad de las lesiones que ellos produjeron a la compañera los llevaron a tener miedo de su propio accionar, y por consiguiente a pedir ayuda. Con menor frecuencia se presentan casos de hombres que consultan por decisión propia.

Pero, no obstante la dificultad que el hombre violento tiene para admitir la responsabilidad que le cabe en estas situaciones, experimenta una confusa sensación de que "algo no funciona". Muchos hombres han expresado, después de un tiempo de tratamiento, que sabían que había algo en ellos que originaba las situaciones de violencia. A este "saber" que no podían conceptualizar se le suma la dificultad de disponer de servicios especializados de atención para hombres, los cuales son suma- mente escasos en los países en que funcionan, e inexistentes en la mayoría. Porque también sabemos (y aquí incluimos una mirada exosistémica) que cuando en una comunidad existe una oferta de servicios clara, se produce la consiguiente demanda que, en el tema que nos ocupa, está oculta y alcanza cifras alarmantes, dada la gran despro- porción entre el número de mujeres víctimas de violencia que piden ayuda y los hombres que hacen lo propio.

Muchos de estos hombres habían consultado anteriormente a profesio- nales no capacitados en la especificidad metodológica requerida en el campo de la violencia familiar, quienes no sólo no pudieron ayudarlos en lo que se refiere al problema de su conducta violenta, sino que a veces contribuyeron, sin quererlo, a reforzarla desde sus propios estereotipos de género y desde teorías inadecuadas para la comprensión del problema.

En la mayoría de los casos, el hombre que llega a la consulta no está convencido de que él tenga algún tipo de responsabilidad sobre lo que ocurre en su familia. Esto es así porque tiene sobre sus hombros una historia de vida en la que ha aprendido a culpar a los demás –y a su compañera en especial– de todos sus problemas, y a percibirse a sí mismo como víctima del accionar ajeno, que siempre es responsable de "provocar" su reacción violenta.

Capítulo 12

EL PROCESO GRUPAL

Jorge Corsi y Miguel Ángel Sotés

Tomando el modelo ecológico como marco conceptual –por considerarlo el más integrador y abarcativo entre los modelos que conocemos–, la problemática de los hombres violentos necesita ser abordada a partir de un encuadre metodológico que permita modificar el modelo de aislamiento y privacidad que garantiza la perpetuación de la conducta violenta. La introducción de una mirada externa sobre ella sólo es posible cuando se trabaja de forma grupal; la incorporación al grupo se produce luego de una o más entrevistas de admisión y después de haber evaluado si el perfil del hombre que consulta se corresponde con el cuadro ya descrito. En el caso de tener dudas en lo que respecta al diagnóstico, o si el cuadro está agravado por la presencia de otras problemáticas (por ejemplo, alcoholismo u otras adicciones), puede ser necesario otro tipo de intervención profesional específica (en tales casos, será derivado). Para poder completar el diagnóstico diferencial, en algunos casos resulta necesario realizar dos o tres entrevistas individuales más, a continuación de la entrevista de admisión; se trata de casos en los que en el relato hay aspectos poco claros, o bien cuando alguna característica del hombre (por ejemplo, su aislamiento) se presenta sobredimensionada, y requiere, por lo tanto, de un abordaje personalizado previo a la inserción grupal.

Este modelo de grupo para hombres violentos, con algunas adaptaciones a nuestra realidad, fue tomado del diseñado por David Currie (1987), en Canadá. Señala este autor:

El modelo para este programa es psicoeducacional. A veces se trabaja con información específica prevista para los hombres (tal como definiciones y formas de violencia, estereotipos de rol masculino y femenino). Otras veces el énfasis está puesto en cambiar las actitudes (hacia sí mismos y hacia las mujeres) que contribuyeron a la conducta violenta.

El concepto de *modelo de grupo psicoeducativo* alude al hecho de que no se trata estrictamente de un grupo psicoterapéutico ni tampoco de un grupo de aprendizaje, pero sin embargo combina objetivos y procedimientos que son propios de cada uno de ellos.

De acuerdo con el enfoque ecológico, los estereotipos culturales, que se traducen en ideas valorativas acerca de lo masculino y lo femenino imperantes en el macrosistema, son revisados grupalmente junto con el análisis de las conductas cotidianas de cada hombre, partiendo de la hipótesis acerca de las relaciones de reciprocidad causal existentes entre los distintos sistemas.

La observación y el análisis, aplicados siempre a situaciones concretas (aportadas por sus relatos o ejemplificadas por los coordinadores), facilitan la toma de conciencia acerca de estas interrelaciones. Esto los lleva, por un lado, a disminuir su culpa (a veces no expresada): ahora saben que la violencia no empezó en ellos como si fuera algo determinado biológicamente, sino que estuvieron y están expuestos permanentemente a modelos y a mandatos culturales que contribuyen a legitimar y a naturalizar la violencia. Por el otro lado, empiezan a entender que eso no los vuelve "ingenuos" respecto de sus acciones, y a sentir que son responsables, en lo personal, de sus conductas violentas. Éste es un primer paso indispensable para poder trabajar grupalmente la noción del *daño* que ocasionan a miembros de su familia con su comportamiento.

Esto es importante porque empiezan a vislumbrar que las falsas expectativas de las que fueron esclavos, a partir de sus "teorías" de determinismo unidireccional ("ella es la que tiene que cambiar"), pueden ser sustituidas por objetivos de cambio propios, independientes de lo que ella haga o diga. La comprensión de esto permite empezar a trabajar sobre la *dependencia* emocional que tienen de sus mujeres, la cual contribuye a configurar vínculos asfixiantes y posesivos.

En la mayoría de los casos, resulta sorprendente la rapidez con que los hombres pueden superar su aislamiento dentro del grupo y contar sus conflictos personales, aun cuando el relato suele abundar en detalles externos, configurando un discurso que tiende a ramificarse y a alejarse progresivamente del foco de la cuestión. Poco a poco, mediante la utilización de técnicas de focalización por parte de los coordinadores, logran expresarse de una manera más clara y concreta, escuchar a los demás integrantes, encontrarse a sí mismos en las historias de los otros, hablar en primera persona, comenzando a respetar y a respetarse.

La tarea grupal se construye con el esfuerzo de todos en un espacio propio, en el que nadie es juzgado ni ridiculizado por expresar sus preocupaciones, temores o sentimientos. En cambio, se les ponen límites firmes y fundamentados ante cada intento de desviar la cuestión hacia la culpabilización del otro, la externalización de responsabilidades y la minimización de su propia conducta violenta.

Cuando este primer ámbito de no aislamiento (comienzo del proceso de ruptura de la restricción emocional) puede ser aceptado e incorporado a sus vidas, comienzan a buscar otros en los que se relacionen de un modo diferente del conocido hasta ese momento, lo cual contribuye a que se enriquezcan como personas. El objetivo es que la calidad de sus relaciones comience a cambiar, y que progresivamente puedan establecer vínculos afectivos en los que valoricen al otro y se sientan valorizados, sin necesidad de recurrir defensivamente al uso de la fuerza para dominar y controlar la relación.

A lo largo del proceso grupal, es posible comprobar los cambios de conducta que pueden manifestarse en el mismo espacio del grupo: actitudes solidarias ante un compañero en situación de crisis, expresión adecuada (no violenta) de sentimientos, gestos y demostraciones de afecto que antes no se hubieran permitido. También se observa una creciente responsabilidad por los efectos de su comportamiento violento y el esfuerzo para buscar y aplicar alternativas de resolución de conflictos, no siempre exitosas, pero que lo instalan en un lugar diferente del inicial: en vez de presentarse como una víctima pasiva de las "provocaciones" externas, ahora puede pedir ayuda porque algo "no le sale", o decir que "no sabe" hacerlo de otra manera. Obviamente, ésta es una posición subjetiva desde la que es posible trabajar terapéutica o pedagógicamente.

Grupos abiertos y cerrados

La estructura de los Grupos de Asistencia a Hombres Violentos puede tomar cualquiera de estas dos modalidades:

Los grupos cerrados tienen una duración de tres meses, con una frecuencia semanal y reuniones grupales de noventa minutos de duración cada una. En este formato grupal, los temas son fijados previamente para cada uno de los encuentros. Siguiendo a Currie (1985), los principales temas para distribuir en las doce semanas de trabajo son:

1. Responsabilización por la propia conducta violenta.
2. Reconocimiento de las señales de previolencia.
3. Identificación de sentimientos y emociones.
4. Identificación de ideas y creencias.
5. Alternativas a la violencia.
6. Utilización del tiempo personal.
7. Roles de género (masculino-femenino).
8. Discusión del diagrama de dependencia.

A su vez, cada reunión está estructurada en momentos, lo cual le confiere características más cercanas al grupo pedagógico. El rol de los coordinadores es claramente directivo: transmisión de consignas, propuesta de temas y asignación de tareas.

Si bien esta modalidad tiene la ventaja de permitir organizar mejor la temática por desarrollar, y evaluar con mayor precisión los resultados, presenta por otra parte al menos tres dificultades:

a) El grupo, para poder comenzar a funcionar, deberá tener un mínimo de 8 a 10 participantes, ya que la deserción que se produce es muy alta y, dado que la modalidad de grupo cerrado no permitirá la incorporación de nuevos miembros una vez que esté conformado, se corre el riesgo de funcionar con un número insuficiente de hombres al promediar o finalizar las doce semanas estipuladas.

b) Hasta el momento en que se complete el número de integrantes suficiente para dar comienzo a la tarea grupal, quienes se acerquen al Servicio deberán "esperar" a que el grupo se pueda conformar, con el riesgo de que las débiles motivaciones que los impulsaron a concurrir desaparezcan y que, por consiguiente, al ser convocados para el inicio de la actividad, no se presenten.

c) Dado el número limitado de reuniones, no es posible volver a profundizar los temas abordados con los miembros que hayan estado ausentes durante su tratamiento y elaboración. Sabemos que las inasistencias y la deserción en los grupos de estas características son altas, aun en los países en los que la justicia obliga a los hombres a concurrir a estos programas. Por lo tanto, es muy difícil que al cabo de las doce semanas todos los integrantes hayan participado de todas las reuniones, aun cuando las consignas iniciales soliciten asistencia y puntualidad.

En nuestra experiencia de trabajo con grupos cerrados, el tiempo de espera de los hombres hasta el momento de reunir el número necesario de integrantes fue evitado, utilizando la misma modalidad que en la etapa previa a la conformación de un grupo abierto: mediante entrevistas individuales semanales (en algunos casos de dos o tres hombres que presentaban características agrupables) con una duración de treinta minutos cada una, donde se trabajaron puntos de urgencia, es decir, aspectos de su conducta que implicaban mayores riesgos para las víctimas. Hemos denominado "etapa de pregrupo" a esta instancia, diseñada con el objetivo de disminuir el factor de deserción inicial y orientada a prevenir situaciones de riesgo.

El grupo abierto, en cambio, se caracteriza por no tener una fecha de finalización, lo cual permite la incorporación de miembros en diferentes momentos del desarrollo de la tarea grupal. Esta modalidad de trabajo, que también tiene una frecuencia semanal con una duración de noventa minutos por reunión, permite retomar y retrabajar distintos temas en diferentes momentos, a la vez que proporciona a los hombres una mayor cantidad de tiempo disponible para hablar de su problemática.

En un grupo abierto, un mismo tema o problema surgirá una y otra vez, no solamente debido a la presencia de nuevos integrantes sino porque su abordaje, profundizado en el grupo y "entendido" por los participantes, no garantiza que su resolución en la práctica sea exitosa. Ellos deberán estar preparados para estos "fracasos": esta aparente disociación entre el entender (dimensión cognitiva) y el llevar a la práctica (dimensión conductual) es frecuente, dado que las conductas adquiridas a través de veinte, treinta o cincuenta años de vida suelen ser resistentes al cambio, aun con algunas semanas o meses de trabajo terapéutico focalizado en el problema.

El análisis de las razones por las cuales les resulta tan difícil el cambio y el descubrimiento de determinados errores en el intento de utilización de mecanismos no violentos para la resolución de conflictos (que tiene que ver con la existencia de modelos internalizados) obliga a retomar y reforzar cada tema a lo largo de varias reuniones, en las que cada participante descubre aspectos comunes con los demás, a la vez que se conecta con otros que les son totalmente propios.

Las incorporaciones que se producen en un grupo abierto, a la vez que compensan las deserciones, posibilitan que los integrantes más antiguos puedan "mirarse" en un espejo que les resulta conocido: los nuevos integrantes despliegan, al incorporarse, los elementos del discurso que culpabiliza a las víctimas, minimiza su propia responsabilidad y percibe las situaciones externas como "provocadoras" de su conducta violenta; dado el proceso de revisión que vienen realizando quienes ya han participado de varias reuniones, pueden objetivar críticamente este discurso desde un nuevo lugar. A su vez, la devolución que los miembros más antiguos hacen al recién ingresado aportan "salud" desde la horizontalidad grupal en que se encuentran: desde alguien que sufre el mismo problema, y que al mismo tiempo muestra que el cambio es posible.

La experiencia con grupos abiertos nos mostró también que muchas "deserciones" pudieron ser redefinidas: muchos hombres, después de participar durante un tiempo en el grupo, dejan de concurrir, basados en la suposición de que su problema está solucionado; pero reingresan después de un tiempo y relatan que repitieron una conducta violenta que creían superada, o bien que se sienten en peligro de volver a utilizar la violencia. Esta actitud demuestra que, en el lapso durante el cual concurrieron al grupo, han logrado adquirir una percepción más ajustada de sus procesos cognitivos, emotivos y comportamentales que, si bien en sí misma resulta insuficiente, marca un progreso importante en el proceso de cambio.

Éste es un fenómeno específico que resulta imposible de registrar cuando trabajamos con el formato de grupo cerrado. Además, permite prevenir situaciones de deserción prematura del resto de los integrantes, a la vez que reforzar la recomendación de que deben estar sumamente atentos a las primeras señales corporales de previolencia (tema que analizaremos más adelante).

El grupo abierto, por sus características, ofrece la posibilidad de focalizarse en los distintos temas previstos en nuestro modelo de aborda-je, a partir de las propias narraciones de los hombres; en sus discursos, los temas centrales sobre los cuales necesitamos enfatizar están siempre presentes, y se manifiestan con una riqueza de matices que resulta imposible de emular a partir de ejemplos teóricos.

Para lograr una adecuada focalización de la tarea grupal, los coordi-nadores debemos funcionar a modo de "radares", tratando de intervenir en el momento oportuno con claridad y precisión, de modo de trans-formar la narración confusa de un episodio en el tratamiento de algunos de los ejes centrales propuestos: el poder, la dominación, la externaliza-ción de la culpa, la minimización de las consecuencias de la propia conducta, los estereotipos de género, la dificultad para expresar senti-mientos, etcétera.

Otra de las ventajas de la modalidad de trabajo con grupos abiertos es que posibilita dedicar el tiempo requerido por algún miembro en situa-ción de crisis, permitiendo desplegar ante los integrantes del grupo un modelo de cuidado del otro y de respeto por sus necesidades específicas que no fue frecuente en las historias de vida de la mayoría de ellos.

Si bien la modalidad de grupo abierto resulta, por los motivos antes apuntados, más compleja y rica en matices, no hay que olvidar que las posibilidades institucionales existentes (cantidad de personal, espacio físico, etcétera) tendrán un peso decisivo en el momento de su adop-ción, dado que el modelo de grupo cerrado suele resultar más sencillo de implementar.

La secuencia de las sesiones

Cuando los grupos psicoeducativos adoptan la modalidad de grupo cerrado, con una duración de doce sesiones, su secuencia está claramente establecida de antemano, y todos los integrantes conocen desde el inicio los contenidos que se desarrollarán en cada una de ellas. Existe un programa de trabajo que es menester respetar para garantizar el tratamiento de los temas diseñados con el fin de alcanzar los objetivos propuestos.

En cambio, al adoptar la modalidad de grupo abierto, en el que los temas son retomados una y otra vez debido a las incorporaciones sucesivas de nuevos miembros, la secuencia temática no puede ser totalmente respetada, como ocurre en los grupos cerrados. Resulta necesario explicar a los nuevos miembros el porqué y el para qué de lo que se está tratando. No obstante ello, el problema de la violencia familiar se traduce en una amplia gama de conductas características que guardan entre sí estrecha relación, lo cual permite vincular el relato del nuevo miembro a la temática alrededor de la cual gira el trabajo en la sesión: una persona recién llegada al grupo se puede encontrar con una reunión en la que otro integrante comente, por ejemplo, que ha vuelto a ejercer la violencia en su hogar. Pero, seguramente, la discusión grupal y el análisis del episodio, tendientes a indagar qué pensamientos y sentimientos registró en ese momento, qué responsabilidad le cabe sobre su conducta, qué había ocurrido en los momentos previos al episodio violento, etcétera, le resultarán al nuevo integrante muy conocidas, y no tendrá dificultad para asociarlas con aspectos de su propia historia de violencia. La experiencia realizada hasta el momento nos indica que, por regla general, los nuevos miembros pueden incorporarse sin mayores obsetáculos al trabajo grupal.

Existe una secuencia intrasesión que siempre se mantiene: el o los nuevos integrantes son presentados al grupo, se los invita a observar la dinámica de la reunión grupal y al finalizar la sesión se les pregunta cómo se sintieron y si quieren contar algo de sí mismos. Esto tiende a que se sientan integrados desde el inicio y a vencer su tendencia a aislarse. Nadie es obligado a hablar el primer día si no lo desea; el hecho de escuchar las intervenciones de los otros miembros del grupo los ayuda en la tarea de incorporar nuevas pautas, y les permite ir cobrando confianza para decir lo propio en encuentros futuros.

Al comienzo de la sesión, los coordinadores facilitan las intervenciones preguntando si algún miembro tiene necesidad de relatar un episodio que le haya sucedido durante la semana, o bien si hay alguien que necesite plantear alguna cuestión por resolver. Una vez que empieza a emerger el material verbal, comienza la tarea focalizadora de los coordinadores, quienes tienen internalizada una guía temática que se despliega a lo largo de las reuniones grupales y, en consecuencia, pueden identificar en el relato inicial el eje temático alrededor del cual girará la reunión. Por ejemplo, si un integrante del grupo comienza el relato de un episodio en el cual la tensión conyugal estuvo asociada a una discusión acerca del gasto de dinero, los coordinadores podrán proponer que el grupo reflexione y discuta el tema del manejo del dinero en la pareja y su vinculación al uso del poder. Probablemente cada miembro participará desde sus propias experiencias e ideas que, de ese modo, podrán ser revisadas.

En lo que respecta a la secuencia intersesiones, cuando se trabaja con la modalidad de grupo abierto se hace necesaria cierta redundancia en el contenido, para asegurarnos de que los miembros que se vayan incorporando tengan la oportunidad de discutir todos los temas: el ciclo de la violencia, el diagrama de dependencia, el uso del poder intrafamiliar, la relación con los hijos, el control de la conducta violenta, la expresión de los sentimientos, el estereotipo de género, etcétera.

Los miembros más antiguos evalúan como positiva esa redundancia, porque les permite acercarse a temas ya discutidos desde diferentes posicionamientos y van tomando gradual conciencia de sus propios cambios al compararse con los nuevos miembros.

Los objetivos del tratamiento

El objetivo principal del trabajo con "hombres violentos"[5] es lograr que dejen de utilizar la violencia física y/o psicológica como método de ejercicio del poder intrafamiliar.

5. A partir de la discusión terminológica ya esbozada en el capítulo 1 de este libro, preferimos el término "hombre violento" al de "hombre golpeador", porque el primero incluye no sólo a los que golpean físicamente sino también a quienes, sin haber llegado todavía al golpe, lo hacen psicológica o emocionalmente, modalidad de violencia que deja en las víctimas profundas marcas.

Pero para poder lograr este objetivo general y, lo que resulta tal vez más difícil, poder sostenerlo regularmente en el futuro, es imprescindible tener en cuenta una lista de objetivos específicos, que se apoyan conceptualmente en el modelo ecológico que utilizamos para la comprensión de la violencia familiar y que orienta la intervención en este campo. Según Stith y Rosen (1990), los factores asociados con la violencia conyugal que deben ser tenidos en cuenta a la hora de formular objetivos son:

1. Actitudes estereotipadas de rol de género.
2. Actitudes que apoyan el uso de la violencia para mantener el poder en la familia.
3. Un pobre control de los impulsos.
4. Malos tratos o exposición a malos tratos en la infancia.
5. Estrés intenso en la vida diaria actual.
6. Inadecuadas competencias de relación.
7. Aislamiento.

Cada uno de estos factores debería servir como guía para la formulación de los objetivos específicos del proceso de recuperación de hombres violentos. En nuestra experiencia, hemos enfatizado los siguientes:

• *La revisión de conductas y roles según los estereotipos de género*, producto de un sistema de creencias propio de nuestra sociedad patriarcal que, a la vez que determina formas de sentir, pensar y actuar, contribuye a minimizar la responsabilidad del agresor y a culpar a la víctima ("Si ella se queda es porque le gusta", "Quién sabe qué hizo ella, para que él le pegue", etcétera). Estas ideas, que aparecen en toda su magnitud en el microsistema familiar en el que se dan situaciones de violencia, son el producto de un imaginario social que tiende a preservar el poder del victimario en detrimento de la víctima, a veces hasta las últimas consecuencias, como un "mandato" incorporado que anula y anestesia cualquier intento de razonamiento que pretenda cuestionar la validez de las premisas sobre las que se apoyan tales "mandatos".

Desde una perspectiva cognitivo-comportamental, podríamos decir que si las ideas y creencias acerca de roles de género y las relativas a los temas del poder y la obediencia no son revisadas, no habrá cambios reales, aunque existan algunos logros en la modificación de conductas.

La mayoría de nosotros creemos que nuestros sentimientos son reacciones a las cosas que nos suceden, a las cosas que nos vienen de afuera. Pero, en realidad, incluso el miedo, el placer o el dolor más extremos provienen de alguna creencia (Forward, 1990).

• *La revisión de las racionalizaciones que contribuyen a justificar la conducta violenta* incluye el entrenamiento en las capacidades de diferenciar, distinguir, discriminar, discernir, como alternativa a la utilización del pensamiento dicotómico, modo habitual como los hombres violentos conceptualizan y describen las situaciones de las cuales son protagonistas. Cuando lo hacen, se ubican dentro de estrechos márgenes cognitivos, siempre oposicionales y terminantes, a modo de blanco-negro, todo-nada, siempre-nunca, etcétera: "Si *todo* lo que hago y digo es violencia, entonces me callo y no digo más *nada*".

Este tipo de pensamiento absolutista se complementa habitualmente con una dificultad para discriminar pensamientos de sentimientos; estos últimos permanecen ocultos bajo reiterativas explicaciones racionales, que cumplen la función de imponer y dominar más que de comunicarse. Este posicionamiento les posibilita desarrollar largos monólogos teóricos, detrás de los cuales se ocultan sus sentimientos (la rabia, la frustración, la impotencia, el dolor, la inseguridad, el miedo) y los lleva a enfatizar más el discurso racional, que se retroalimenta indefinidamente. Trabajar con la capa de racionalizaciones permite la progresiva emergencia de temores, dolores, angustias y ansiedades, que irán aprendiendo a reconocer y a expresar adecuadamente.

• *El control de los impulsos* implica un primer estadio de revisión del concepto de "impulso incontrolable o irrefrenable". Con mucha frecuencia, los hombres violentos utilizan este argumento como base para minimizar su responsabilidad por la conducta violenta. Por lo tanto, es necesario aclarar que, con excepción de un muy pequeño porcentaje de casos (asociados a alguna forma específica de disfunción cerebral), la conducta violenta no es el resultado de un impulso imposible de controlar. Esto queda demostrado por el hecho de que dicha conducta no se manifiesta en cualquier momento o lugar, sino sólo en contextos privados o íntimos.

Luego de este primer momento de trabajo en el plano cognitivo, resulta posible avanzar hacia la implementación de técnicas de autocontrol, especialmente referidas a la violencia física.

• *La revisión de aspectos de la historia personal*, especialmente en lo relativo a las experiencias de malos tratos (ya sea como víctimas o como testigos) vividas durante la infancia y la adolescencia, suele ser un aspecto clave en el proceso de recuperación de los hombres violentos. A menudo pueden identificar como tales los malos tratos recibidos, sólo a partir de la elaboración grupal de estos recuerdos. El proceso de naturalización de la violencia tiene su origen en esos primeros modelos y, por lo tanto, es necesario que sean analizados a la luz de nuevas premisas que no justifiquen la violencia como modo de resolver problemas. Además, a menudo los hombres sólo pueden tomar conciencia de lo que experimentan las víctimas de su conducta violenta al recuperar el recuerdo de sus propias vivencias como receptores o como testigos de la violencia en su familia de origen. Esto permite ampliar su capacidad empática, es decir la posibilidad de ponerse en el lugar del otro, con el consiguiente progreso en sus habilidades de comunicación interpersonal.

• *El incremento de sus habilidades sociales* implica la posibilidad de mejorar su competencia en lo que respecta a las relaciones interpersonales, especialmente en situaciones críticas o conflictivas. Incluye, entre otros, el trabajo para desarrollar un mayor grado de asertividad y el entrenamiento en la solución de problemas interpersonales (por ejemplo, incorporando modalidades de negociación en la resolución de conflictos). Este objetivo parte de la hipótesis de que los hombres violentos recurren al modo agresivo de respuesta ante situaciones generadoras de ansiedad, entre otros motivos por la carencia de modelos alternativos para la resolución de conflictos interpersonales.

• *La disminución del aislamiento social* es otro de los objetivos del tratamiento. En algunos casos, el aislamiento social se manifiesta con la forma de encapsulamiento en las relaciones primarias. Sin embargo, la mayoría de las veces no implica una carencia absoluta de relaciones sociales; muchos hombres pueden dar cuenta de una aparente multiplicidad de vínculos sociales, pero en ellos el nivel de comunicación nunca pasa de lo formal, esto es, no ponen en juego el compromiso emocional ni pueden compartir aspectos íntimos de su experiencia de vida. Las burlas, el sarcasmo y las humillaciones que la mayoría de ellos sufrió durante la niñez contribuyeron a que aprendieran a no comunicar sus sentimientos (especialmente aquellos relacionados con el sufrimiento o la debilidad), los que debieron ser ocultados en su momento ante la risa del adulto maltratante o las burlas de sus pares. Aquella represión a la que se vieron forzados desde niños hizo que progresivamente fueran perdiendo la capacidad de registrar e identificar sus propios sentimientos.

El grupo de pares es, tal vez, la primera puerta que se les abre para empezar a expresarse desde lo afectivo, a partir de la comprobación de que son escuchados y respetados en sus sentimientos. Compartir estas situaciones promueve conductas solidarias que los van ayudando a vencer el aislamiento.

• *El incremento de la autoestima* es un objetivo globalizador, que toma en cuenta aspectos parciales de los enunciados anteriormente. Se va alcanzando como producto de: a) la revisión de modelos y de conductas; b) el proceso de aprender nuevas posibilidades de expresarse y comunicarse; c) lograr ser menos dependientes de los demás; d) responsabilizarse por su conducta y por el cuidado de su persona, y e) poder incrementar su autocontrol. Todo esto es lo que, paradójicamente, les brinda una *real* dimensión de libertad y valoración personales, ya que anteriormente estaban basadas en la medida en que podían tener dominio y control *sobre los otros*.

Cada uno de los objetivos enunciados requiere, para ser alcanzado, la implementación de procedimientos metodológicos específicos, que sólo cobran sentido en la medida en que se vinculen conceptualmente a tales objetivos.

Procedimientos terapéuticos específicos

Antes de adentrarnos en los aspectos más vinculados a las técnicas de abordaje, se hace necesaria una advertencia: tanto en grupos abiertos como cerrados los coordinadores deberán tener en cuenta las características particulares y el modo de ejercer violencia de cada uno de los integrantes, con el objeto de identificar primero las situaciones que, potencialmente, impliquen mayor peligro para terceros. Los medios de comunicación informan con frecuencia acerca de episodios de criminalidad familiar en los cuales las víctimas son la compañera y los hijos, aunque muchos hombres violentos también se suicidan a continuación; por lo tanto, con anterioridad a cualquier objetivo y procedimiento terapéuticos, necesitamos ubicar el cuidado de la vida de las posibles víctimas. Esto es, al mismo tiempo, una actitud de protección y de prevención que incluye al hombre, ya que también está en juego su vida o, eventualmente, su libertad.

De acuerdo con este criterio, se otorga prioridad al trabajo con el control de la violencia física, para lo cual se utilizan técnicas de autocontrol, como veremos más adelante. Dado que la violencia emocional está siempre presente, haya habido golpes o no, se propicia la discusión grupal tendiente a encontrar alternativas a la violencia, la que hasta ahora ha emergido como única forma de intentar la resolución de conflictos.

Partimos de un enfoque multidimensional[6] que, en cada dimensión psicológica, reconoce mecanismos de cambio que son específicos: el *insight*, la *experiencia emocional correctiva*, la *reestructuración cognitiva*, la *modificación del comportamiento*, la *modificación de pautas comunicacionales*. Cada uno de estos mecanismos intenta ser activado a partir de la implementación de técnicas específicas. Una posibilidad de sistematizar la enunciación de dichas técnicas es agruparlas en:

A. Técnicas orientadas a obtener cambios en el nivel cognitivo.

B. Técnicas orientadas a obtener cambios en el nivel comportamental.

---

6. Para consultar los fundamentos teóricos y metodológicos de este enfoque, véase Corsi, J., 1994b.

C. Técnicas orientadas a promover la elaboración de aspectos de la historia personal.

D. Técnicas orientadas a promover cambios en el nivel interaccional-comunicacional.

Las técnicas de autoobservación

Un elemento constante en los hombres que desarrollan comportamientos violentos es la dificultad para diferenciar la expresión de sentimientos agresivos de la conducta violenta; este aspecto se presenta a los hombres como un todo confuso e inmanejable, al punto de no comprender la diferencia entre "sentir enojo" y "actuar violentamente". Esto tiene su correlato en el hecho de que tampoco pueden discriminar entre *sentimientos* y *pensamientos*. Cuando son interrogados sobre *qué sintieron* al protagonizar una situación de violencia, es común escuchar como respuesta: "Sentí que ella me estaba provocando", "Sentí que iba a perder la autoridad", "Sentí que ella me lo estaba haciendo a propósito", etcétera. En realidad, están diciendo lo que pensaron en ese momento, pero asociados a estos pensamientos hay una amplia gama de sentimientos de angustia, rabia, dolor, miedo, impotencia, etcétera, que no llegan a ser reconocidos e identificados.

El primer objetivo que se intenta alcanzar mediante las técnicas de autoobservación es que el hombre comience a discernir y diferenciar sus pensamientos de sus sentimientos. Esta tarea suele requerir de tiempo, y va de la mano con un cambio de actitud fundamental: estar sumamente atentos a sí mismos y a los mensajes provenientes de sus propias autopercepciones, lo cual es lo opuesto de lo que habían venido haciendo hasta ahora: centrar la atención en el afuera –especialmente en el comportamiento de la compañera– y no registrar los motivos propios asociados a su conducta.

Un instrumento que permite organizar estas técnicas de autoobservación es el Registro de Sentimientos Agresivos. Consiste en una hoja dividida en cuatro columnas, en la que deben llevar el registro diario de situaciones asociadas con interacciones violentas, según el siguiente formato:

DESCRIPCIÓN DE LA SITUACIÓN	QUÉ PENSÉ	QUÉ SENTÍ	QUÉ HICE

Aunque la consigna para la confección del Registro parece muy sencilla y muy obvia, sin embargo lo habitual es que los hombres violentos necesiten que les sea explicada una y otra vez. La dificultad para diferenciar lo que pensaron, creyeron o supusieron de la emoción correlativa persiste aún después de varios intentos para llenar el Registro.

Progresivamente, van aprendiendo que el enojo es un sentimiento y la violencia una conducta, un modo fallido de expresar ese sentimiento de enojo que puede ser reemplazado por otras conductas menos dañinas para sí mismos y para terceros. Cuando se les señala que tienen derecho a enojarse pero no a dañar a otros, con frecuencia se muestran sorprendidos, ya que hasta el momento habían sostenido la creencia de que una cosa implicaba la otra. Esa confusión también los llevaba a suponer que el modo de resolver su problema de violencia era erradicar de algún modo sus enojos, eliminando los conflictos y las disputas (algo así como una "lobotomía" simbólica).

Las técnicas de reestructuración cognitiva

Además de reconocer las conexiones entre pensamiento, afecto y conducta, es necesario el examen de los pensamientos, las suposiciones, las creencias, las imágenes, etcétera, que están en la base de la conducta violenta. Según Corsi (1994):

En vez de sostener que el ser humano *tiene* pulsiones agresivas o impulsos, podemos decir que lo específicamente humano es que el sujeto *construye* permanentemente su realidad, adjudicándole significados, en función de los cuales se estructuran sus conductas.

Y más adelante señala:

[...] podríamos decir que una persona "agresiva" es aquella que tiende a percibir los datos de la realidad como provocadores o amenazantes y, frente a tal construcción cognitiva, reacciona con conductas de ataque y defensa.

La revisión de tales construcciones cognitivas requiere, en el caso de los hombres violentos, un examen pormenorizado de las situaciones en las que han ejercido alguna forma de abuso para que establezcan las conexiones existentes entre tal proceso interno y su conducta violenta, reemplazando así su modo habitual de explicar esta última como producto de "provocaciones externas".

Cuando se lleva a cabo este trabajo en el contexto grupal, los coordinadores cuentan con la colaboración de los demás miembros del grupo, ya que para ellos resulta mucho más sencillo identificar y señalar los constructos de otro integrante que los suyos propios.

Así, es necesario tener en cuenta, para examinarlos grupalmente, los mecanismos que están en la base de las distorsiones cognitivas, descritos por Beck (1979):

1. *Conclusión arbitraria* (sin evidencia suficiente): "Como ella llegó más tarde que lo habitual, supuse que se había encontrado con otro".

2. *Generalización excesiva* (cuando establecen leyes generales a partir de incidentes aislados): "En casa siempre todos están en mi contra, nadie me entiende".

3. *Abstracción selectiva* (cuando se consideran sólo los elementos de la situación que apoyan la propia hipótesis, ignorando los que la contradicen): "Yo estaba mirando TV tranquilamente y ella empezó a insultarme; ¿cómo quieren que no me pusiera como loco?". En este caso, lo frecuente es que los hombres cuenten la historia comenzando desde un momento arbitrario, sin contextualizar la situación (para utilizar palabras textuales de integrantes avanza-

dos de los grupos: "Empezar a contar la película desde donde nos con-viene").

4. *Maximización* (exagerar la magnitud de un suceso): "Con esta denuncia judicial, lo que ella quiere es destruirme, verme convertido en nada; realmente esto me mató".

5. *Minimización* (restar importancia o magnitud a un suceso): "Es una exagerada, si en realidad lo único que hice fue tomarla de los brazos para que se tranquilizara…".

6. *Pensamiento dicotómico* (moverse entre extremos polarizados, de tipo todo-nada): "Al final, siempre soy yo el culpable de todo. Lo que voy a hacer es nunca más volver a decir nada, me guardo todo y listo".

7. *Personalización* (interpretar los sucesos como referidos a sí mismo): "Seguro que se puso esa ropa sólo para molestarme a mí y darme celos".

En nuestra experiencia con grupos de hombres violentos, el examen de estos mecanismos se hace necesario en casi todas las reuniones grupales. A esto se le debe agregar el trabajo de reestructuración cognitiva referida a los estereotipos culturales de la masculinidad, que ya fueron discutidos en otra parte de este libro. Resulta también imprescindible empezar a trabajar en la revisión de la idea mítica de que no ser violento significa tapar y ocultar permanentemente los enojos, los conflictos y las discusiones familiares y, si es posible, disimularlos con una sonrisa. Esta noción distorsionada resulta muy peligrosa, porque de esta manera se van acumulando tensiones que, en algún momento, estallarán como violencia.

Esta revisión de ideas, mitos, creencias, suposiciones, resulta además dolorosa porque requiere modificar un modelo autoritario basado en los conceptos de vencer y dominar, de centrar toda la responsabilidad en el otro, de manejar todas las situaciones y de "solucionar" todas las dificultades o problemas que la convivencia diaria indefectiblemente presenta. La transición de un modelo a otro es confusa, con avances y retrocesos constantes que requieren de paciencia y fortaleza para prevenir y corregir las dificultades que vayan surgiendo.

Como los sentimientos agresivos son percibidos por los hombres de un modo sincrético, a través de la discusión grupal acerca de las situaciones violentas reales que protagonizaron se los va identificando, al mismo tiempo que desconstruyendo y analizando las situaciones para poder entender los mecanismos antes descritos no solamente desde la razón sino desde lo emocional y corporal: qué pensaron, qué sintieron y qué registro a nivel corporal percibieron, previos a la conducta violenta.

El Registro de Sentimientos Agresivos es una tarea que ayuda a lograr estos objetivos, ya que provee elementos para la discusión grupal; en el grupo se evaluarán las dificultades que se les presentaron y los beneficios que obtuvieron con la práctica de la autoobservación. La progresiva toma de conciencia acerca de estos puntos contribuye a generar mayores posibilidades de autocontrol.

Basados en las experiencias relatadas, los coordinadores formulamos preguntas que facilitan y orientan la discusión y la toma de conciencia, y las respuestas que emergen van siendo elaboradas por el conjunto; resulta sumamente útil poder relacionar las situaciones relatadas con el vasto universo de creencias y mitos culturales que cada uno tiene incorporados, en tanto productos de un medio social donde la violencia es naturalizada, invisibilizada y muchas veces permitida, cuando no fomentada.

Técnicas para el desarrollo de la asertividad

Según Opazo (1990):

[...] una persona es *asertiva* cuando es capaz de expresar lo que piensa y siente, cuando es capaz de defender con decisión y firmeza sus derechos, sin atropellar los derechos de los demás.

La conducta asertiva se diferencia tanto de la conducta agresiva cuanto de la conducta pasiva. La hipótesis subyacente es que cuando alguien necesita recurrir a la violencia para resolver alguna situación que lo tensiona es porque, entre otros motivos, no ha desarrollado suficientemente su asertividad. Ésta implica poder expresar el enojo, reclamar lo que considera injusto y mostrar con claridad sus pensamientos y sentimientos en cada ocasión. En los grupos de hombres violentos, el trabajo alrededor de este tema puede apoyarse en la biblioterapia para el desarrollo asertivo (Opazo, 1990), material que proporciona elementos para la discusión grupal y para elaborar propuestas de ensayos conductuales que los acerquen, desde la práctica, a la modificación de sus conductas agresivas por otras asertivas.

Cuando los hombres van avanzando en su toma de conciencia y logran controlar sus conductas abusivas, se suele trabajar sobre la base de otros materiales bibliográficos, específicamente seleccionados, cuya discusión posterior posibilita una mayor profundización de los temas a la vez que contribuye a la identificación de formas más sutiles de ejercer control y dominio en la familia, sobre todo en el plano emocional. Esta modalidad de trabajo se utiliza, por lo general, en los grupos de segundo nivel, cuando las medidas de emergencia para evitar la violencia física han sido incorporadas, y el grado de responsabilización alcanzado posibilita la existencia de discusiones y reflexiones más profundas. Pueden utilizarse también medios audiovisuales y películas con la función de disparadores para la discusión.

En todos los casos, el trabajo con la asertividad implica simultáneamente un correlato más profundo, relacionado con el incremento de la autoestima, pilar fundamental para el logro de los objetivos planteados.

Dado que el desarrollo de la conducta asertiva implica necesariamente la comunicación clara de sus sentimientos y estados afectivos, el hecho de poder compartir las distintas experiencias de cada uno *desde los sentimientos* es una forma nueva de comunicarse *realmente*, comienzan a romper el eslabón de su aislamiento emocional crónico que los conducía a seguir relacionándose sin ningún compromiso emocional, al no poder demostrar ni pedir afecto. El aislamiento también es cíclico y, por lo tanto, generador de más aislamiento.

Las técnicas de relajación

Para la mayoría de los hombres violentos que hemos evaluado, el propio cuerpo es un elemento tan poco identificable como sus sentimientos. Habitualmente lo han utilizado, tal como lo prescribe la socialización masculina tradicional, a modo de instrumento de competencia y como lugar del ocultamiento y la rigidez. La sexualidad está disociada de la sensualidad y el cuidado del propio cuerpo es categorizado como un atributo femenino.

La utilización de ejercicios de relajación progresiva, en el contexto de un trabajo grupal más avanzado, permite ir incorporando el cuerpo como algo propio: es allí donde se manifiestan los distintos indicadores físicos previos a una situación violenta, es allí donde se experimenta la tensión y, por lo tanto, es necesario ir detectando y conociendo esos mensajes corporales para poder controlarlos.

Empezar a "escuchar" los distintos mensajes corporales requiere al mismo tiempo revisar la idea estereotipada que asocia la atención y el cuidado corporal al ámbito femenino exclusivamente. Ciertas enfermedades crónicas que padecen muchos hombres comenzaron con síntomas corporales claros que, de haber sido registrados y tenidos en cuenta a tiempo, habrían posibilitado su prevención y/o asistencia temprana, evitando secuelas para su salud, en muchos casos con consecuencias graves.

La persistente dificultad que muestran los participantes del grupo para lograr un adecuado nivel de relajación corporal es un indicador elocuente del modo como se hallan asociadas la rigidez y la tensión corporales con la ausencia de habilidades para resolver conflictos de manera no violenta.

Aprender a detectar las señales corporales es un requisito para cualquier instrumentación exitosa de las técnicas de control de la violencia física.

Las técnicas de control de la violencia física

La idea de que la violencia es algo totalmente incontrolable, que es producto de "un momento de locura" en el que se pierde noción de lo que se hace, está profundamente arraigada en el imaginario social. Los medios de comunicación nos muestran cotidianamente un claro ejemplo de ello: "En un rapto de locura mató a su mujer" es uno de los tantos títulos de noticias sobre crímenes familiares que encubren claras situaciones de violencia familiar, en las que el presunto "rapto de locura" había sido anunciado reiteradamente.

Pensar que quien ejerce violencia sobre su familia es presa de "un acto incontrolable" tiene el efecto de minimizar la responsabilidad del agresor, que será apoyado en sus argumentos atenuantes de que produjo el daño "sin querer hacerlo" o "sin poder frenarse a tiempo". Sin embargo, el fenómeno de la "doble fachada", ya descrito, demuestra que el lugar y las víctimas de la conducta violenta son elegidos conscientemente. Esas mismas personas violentas suelen volverse excesivamente pasivas en escasos minutos, cuando la llegada de terceros o la intervención policial le marca un claro límite a su accionar.

Esta idea tan arraigada de que la violencia es algo incontrolable no ayuda a los hombres en tratamiento, ya que conlleva la noción de imposibilidad del cambio. Por lo tanto, en primer lugar necesita ser desechada por completo, tomando para ello sus propios relatos como punto de partida. Los miembros más antiguos del grupo reconocen que, en realidad, la violencia, entendida como una forma de ejercicio del poder, siempre la habían manejado según su conveniencia, y que también ellos argumentaron en su momento la excusa del "descontrol" como método para evitar responsabilizarse de lo que hacían.

En la secuencia interaccional que termina con la utilización de alguna forma de violencia física, probablemente existe un momento en el que les resulta muy difícil volverse atrás, por lo que el objetivo terapéutico relacionado con el control de la agresión física es que pueden evitar que llegue ese momento. Para lograrlo, se trabaja en dos niveles complementarios: el entrenamiento en detección de señales de previolencia y la utilización de la técnica del *time-out*.

Cuando los hombres relatan un episodio de violencia, se les pide que recuerden qué sintieron a nivel del cuerpo, a nivel sensorial. Si bien la falta de entrenamiento para registrar los mensajes corporales dificulta en principio la tarea, progresivamente logran detectar indicadores corporales que es necesario tener en cuenta, y que varían de una persona a otra: aceleración del ritmo de la respiración, calor o frío excesivos en determinadas zonas del cuerpo, dificultad en la visión, dificultad para hablar o cambio brusco en el tono de la voz, incremento de la irrigación sanguínea, hormigueos en los brazos o las piernas, sequedad bucal, sudoración, palpitaciones, etcétera. Si bien todos estos indicadores pueden ser coincidentes para muchos hombres, cada uno de ellos encontrará alguno que le sea propio y que se repita en distintas ocasiones previas a un episodio de violencia. Un hombre decía sentir en las manos y en los brazos un cosquilleo "similar a una pista de autitos"; otro relataba cómo sentía que la sangre le subía hacia su cabeza "con la fuerza de un volcán", y otro percibía que su mirada se movía a gran velocidad, "como si estuvieran pasando una película dentro de los ojos". En lo que respecta a estas *señales de previolencia*, es importante que cada uno registre, al menos tres o cuatro indicadores, que funcionarán a modo de luz roja antes las situaciones de peligro; él debe incorporar el dato de que si continúa discutiendo una vez percibido alguno de esos indicadores, muy probablemente llegue a protagonizar una situación de violencia física.

Una vez identificadas las propias señales de previolencia, se trabaja en el grupo con la consigna del *time-out* (tiempo afuera o suspensión temporal). Simplemente, una vez percibidos los primeros indicios, deberá interrumpir la discusión y retirarse del lugar en el que se encuentre; esto deberá ser comunicado previamente a la compañera, con el fin de que ella sepa por qué puede interrumpirse una discusión y producirse una salida apresurada.

Stith y Rosen (1990) proponen seis pasos a seguir para la implementación de la técnica del *time-out*:

1) Establecer un acuerdo previo. Planear juntos cómo y cuándo emplear el *time-out*. No es un medio de escapar o una salida fácil. Es una técnica que se emplea de manera cooperativa antes de que los sentimientos hayan llegado a un punto de hacerse incontrolables.

2) Emplear una clave prefijada. Acordar emplear una palabra, frase o gesto que indique que se requiere tiempo para el *time-out*.

3) Tomarse el tiempo afuera.

   a) Reflexionar sobre lo que realmente está ocurriendo.

   b) Realizar algún tipo de actividad que ayude a bajar la adrenalina. Una actividad agresiva como golpear una bolsa de arena puede que sólo ayude a mantener la tensión. No beber ni conducir vehículos en ese estado.

4) Retomar la discusión, si es posible. Comprobarlo: "Yo estoy mejor, ¿cómo estás?".

5) Compartir sentimientos y pensamientos sobre por qué se hizo necesario recurrir al *time-out*.

6) Planear el paso siguiente.

Una de las creencias erróneas con las que hay que trabajar en el grupo es la que supone que la tensión puede aliviarse mediante algún ejercicio físico agotador, tal como jugar un partido de fútbol. Ésta es una creencia generalizada que es necesario revisar, ya que la actividad física produce cansancio, pero mantiene el nivel de tensión corporal.

Algunos hombres buscan alternativas que introducen variantes a la técnica del tiempo afuera: proponen, por ejemplo, tomar una ducha prolongada, como un modo de salir rápidamente de la situación de riesgo. En estos casos, cuando presentan estas iniciativas, las evaluamos cuidadosamente, para evitar que sean utilizadas como una nueva transgresión a las consignas dadas; si consideramos que son una alternativa honesta para controlar la emergencia de la conducta violenta, las alentamos. Cuando sienten que están en condiciones de regresar, lo hacen, y llegan a un acuerdo con la compañera acerca de retomar la discusión o dejarla para otro momento. La implementación de esta técnica del "tiempo afuera" les va dando confianza a los hombres, porque empiezan a comprobar que pueden controlar su violencia.

Tal vez sea necesario reiterar que éstas son medidas de emergencia que tienen la finalidad de detener cuanto antes el golpe físico, preservando la seguridad de la mujer, pero que no pretenden constituirse en soluciones para el problema. Simultáneamente, resulta indispensable el trabajo con el aprendizaje de alternativas de respuesta, orientadas a expresar los enojos adecuadamente, sin necesidad de ocultarlos o taparlos (lo cual haría que se acumularan las tensiones que, muy probablemente, en algún momento se expresarían en forma de violencia).

Una de las formas que adopta la búsqueda de alternativas es el entrenamiento en comunicación interpersonal y en técnicas de resolución de conflictos.

El entrenamiento en la modificación de las pautas de comunicación

Desde los comienzos del estudio sistemático de los procesos de comunicación humana (Watzlawick y otros, 1967) quedó establecido que toda situación de interacción tiene un valor de mensaje, y que éstos pueden ser vehiculizados a través de canales verbales o no verbales (incluyendo el silencio o la aparente ausencia de mensajes). A su vez, también ha sido descrito (Haley, 1987) el modo como "ningún mensaje es simplemente informativo, sino que todos influyen o mandan"; esto es, que una de las funciones de la comunicación es definir la relación y, por consiguiente, lograr un cierto grado de control sobre esa relación. Musitu y otros (1993) señalan que la función de *control social* responde a una meta general consistente en hacer sentir la influencia de unos en otros con el fin de modificar su conducta. En el contexto de una relación de pareja en la que la violencia es un modo habitual de controlar la conducta del otro, la interacción comunicativa suele estar al servicio de objetivos tales como obtener poder y dominio, logrando la sumisión del otro. Para ello, se recurre a recursos verbales y no verbales (postura corporal, gestos, silencios, tonos de voz, miradas, etcétera).

Un aspecto funcional de los procesos de comunicación humana es la posibilidad de participar a otros acerca de eventos propios no perceptibles si no es a través de la mediación comunicativa (tales como deseos, expectativas, temores, etcétera). Los hombres que ejercen violencia suelen enfatizar el aspecto de control de la relación, por una parte y, por otra, tienen graves dificultades para comunicar sus sentimientos. Muchas veces, al no ser conscientes de ello, viven culpando a los demás de no comprenderlos, de no satisfacer sus necesidades afectivas, cuando en realidad las personas que conviven con ellos deben hacer permanentes esfuerzos para "adivinar" qué quieren, qué sienten y qué temen.

"Ella sabe muy bien lo que quiero y me lo hace adrede" es una frase muy común, a través de la cual los hombres culpan a la compañera, atribuyéndoles a sus acciones un significado negativo.

La gran mayoría de ellos aprendieron, desde muy chicos, a obedecer órdenes de adultos autoritarios, quienes muchas veces los castigaron duramente por el solo hecho de atreverse a preguntar algo, o a decir lo que sentían. El castigo infligido a un niño a través de la violencia emocional –que está presente aunque no haya golpes–, burlándose o ironizando sobre sus sentimientos, hace que el niño aprenda a reprimir muy temprano lo que siente, a la vez que a dudar de sus propios sentimientos. El sufrimiento, obviamente, también deberá ser reprimido, y el silencio será la única forma de no sentirse amenazado. Los largos silencios de los hombres adultos, que tanto hacen sufrir a sus familias, tienen sus raíces en estos modelos aprendidos desde muy temprana edad.

Esto explica, en parte, por qué hoy les cuesta tanto esfuerzo expresar lo que sienten y desean. Condenados cuando niños a adivinar los deseos y las exigencias de los mayores como forma defensiva para evitar malos tratos, quizá más severos, fueron internalizando este modelo, y hoy esperan que quienes están "bajo su autoridad" se comporten de la misma manera, obedeciendo siempre, sin ningún derecho a formular preguntas.

Es muy común comprobar el sentimiento de enojo que experimentan cuando la compañera insiste con sus preguntas; predispuestos a pensar que ellas lo hacen solamente para molestarlos, les resulta muy difícil entender que las reiteradas preguntas generalmente se deben a que sus respuestas no son claras. Una de las reglas que necesitan aprender estos hombres es que si alguien pregunta algo, y recibe una respuesta precisa y concreta, difícilmente vuelva a insistir con la pregunta. Y si esto ocurre, puede significar que la respuesta dada aún no ha sido lo suficientemente clara, y que se hace necesario precisarla más.

El grupo resulta un espacio donde las dificultades comunicacionales de cada hombre se transforman en una especie de espejo para los otros integrantes. Discursos caracterizados por una arquitectura de frases estereotipadas (generalmente al servicio de ocultar, más que de mostrar) carentes de datos reales que permitan entender con claridad los hechos, suelen ser identificados por otros integrantes, que tienen las mismas dificultades y que hasta ese momento no podían percibirlas en sí mismos.

El lenguaje verbal que los hombres utilizan suele ser bastante pobre y, sobre todo, privilegia la función racional por sobre la dimensión emotiva; la ausencia de estos matices produce relatos áridos, desprovistos de referencias al correlato afectivo. Una de las formas que suele adoptar ese discurso es la utilización del imperativo, a modo de órdenes dadas siempre para ser obedecidas y no para comunicar una necesidad o un deseo, a la vez que contribuyen a profundizar la dificultad de escuchar al otro. Esta dificultad se ve amplificada por distorsiones cognitivas, tales como la "adivinación del pensamiento" (él "ya sabe" lo que ella va a decirle).

Muchos hombres se caracterizan por pronunciar larguísimos monólogos –vacíos de contenido generalmente–, creyendo que se comunican sin mayores dificultades; en realidad van construyendo con las palabras un verdadero muro que impide toda posibilidad de comunicación horizontal. Los interlocutores perciben rápidamente que, en realidad, sus respuestas no importan, y que sólo son utilizados a modo de instrumentos para la descarga. En el contexto de un proceso grupal, la modificación de estas pautas de comunicación implica partir de algunos objetivos básicos:

1. Que los hombres identifiquen los efectos que producen en la otra persona sus mensajes verbales y no verbales.

2. Que los hombres identifiquen los aspectos que habitualmente son "censurados" en su conducta comunicativa (deseos, temores, expectativas, etcétera).

3. Que reestructuren su estilo comunicativo verbal, entrenándose en el llamado "discurso en primera persona" en reemplazo del discurso orientado hacia el control y la manipulación del otro.

Esto no es una tarea sencilla y suele insumir mucho tiempo; no obstante, cuando empiezan a implementar algunos cambios y a expresar sentimientos y emociones, los hombres comienzan a sentirse aliviados y a experimentar cambios positivos en sus vínculos interpersonales. Un ejemplo de ello es cuando pueden reemplazar un discurso en segunda persona, basado en el imperativo y con un contenido amenazante ("Termina de provocarme, ¡porque me vas a hacer salir de las casillas!"), por otro estructurado en primera persona, que exprese sus sentimientos ("Cada vez que me dices esto me empiezo a sentir mal, me da mucha rabia y tengo miedo de explotar").

El cambio en el nivel comunicativo abre las puertas para nuevas formas de resolución de conflictos interpersonales, basadas en la negociación más que en la coerción o la transacción insatisfactoria.

Consideraciones finales

Hemos descrito un modelo de intervención con hombres violentos caracterizado por su especificidad, siguiendo las recomendaciones internacionales[7] que sugieren que cualquier procedimiento dirigido a estos hombres debe tener en cuenta, entre otras, las siguientes *contraindicaciones*:

1. Está contraindicado cualquier modelo de intervención que culpabilice o intimide a la víctima, o la coloque en situación de riesgo.

2. Las terapias familiares o de pareja están expresamente contraindicadas, durante la fase de intervención psicoeducacional. Tales modelos terapéuticos pueden ser utilizados sólo cuando el hombre ha completado su programa de recuperación, la violencia ha cesado y la víctima está tomando decisiones de forma independiente.

3. Están contraindicados los métodos que identifican los factores psicopatológicos de alguno de los involucrados, como causa primaria de violencia.

4. Están contraindicadas las intervenciones exclusivamente psicodinámicas, que sólo exploran las causas de la violencia en motivaciones inconscientes.

5. Están contraindicados los modelos basados en la teoría sistémica, que tratan la violencia como si fuera un proceso circular, ubicando a la víctima en el mismo nivel de responsabilidad.

La especificidad del modelo descrito radica en la consideración de los múltiples factores asociados al problema de la violencia masculina en la familia, y necesita todavía de una evaluación rigurosa, que incluya un seguimiento prolongado de quienes han participado del programa.

7. Commission on Minimum Standards for Batterer's Treatment (Florida, 1994).

Nos proponemos una tarea de seguimiento que permita evaluar, al cabo de períodos anuales, la eficacia del modelo instrumentado. Todavía es prematuro predecir resultados definitivos, por lo cual nos apresuramos a desalentar expectativas desmesuradas en torno a estos programas de intervención focalizada, ya que la respuesta no es homogénea por parte de todos los hombres que participan en ellos, la deserción sigue siendo alta y el número de hombres que asumen plenamente el desafío del cambio es numéricamente muy pequeño, en relación con las alarmantes cifras que los relevamientos epidemiológicos muestran respecto a la violencia doméstica.

REFERENCIAS BIBLIOGRÁFICAS

Adams, D.: *Counseling Men who Batter: A Profeminist Analysis of Five Treatment Models*, American Psychological Association, 1986.

——: *Identificando al esposo agresor en el tribunal: sea Ud. el/la Juez*, traducción de Nina M. Torres Vidal, mimeografiado, 1989.

Badinter, E.: *XY. La identidad masculina*, Madrid, Alianza, 1993.

Bandura, A.: *Teoría del aprendizaje social*, Madrid, Espasa Calpe, 1986.

Beck, A.: *Terapia cognitiva de la depresión*, Bilbao, D.D.B., 1979.

Bell, D.H.: *Ser varón*. La paradoja de la masculinidad, Barcelona, Tusquets, 1987.

Beneke, T.: *La violación y los hombres*, Buenos Aires, Abril, 1984.

Bonder, G.: *La igualdad de oportunidades para mujeres y varones: una meta educativa*, Buenos Aires, Ministerio de Cultura y Educación, 1993.

Bronfenbrenner, U.: *La ecología del desarrollo humano*, Barcelona, Paidós, 1979.

Caeser, L.: "Exposure to violence in the families of origin among wife abusers and maritaly nonviolent men", *Violence and Victims*, vol. 3, Nº 1, 1988.

Corneau, G.: *Père manquant, fils manqué*, Móntreal, Éditions de l'Homme, 1989.

Corsi, J.: *El modelo masculino tradicional*, publicación interna de la Universidad de Buenos Aires, 1990a.

——: "Algunas cuestiones básicas sobre la violencia familiar", *Revista de Derecho de Familia*, Nº 4, Buenos Aires, 1990b.

——: *Aspectos psicosociales y asistenciales del hombre golpeador*, Asamblea Permanente por los Derechos Humanos, Buenos Aires, 1991.

——: *Violencia familiar. Una mirada interdisciplinaria sobre un grave problema social*, Buenos Aires, Paidós, 1994a.

——: *Psicoterapia breve multidimensional*, Buenos Aires, Tekné, 1994b.

Currie, D. (1985): "Modelo de grupo para hombres golpeadores", en Sinclair, D., *Understanding Wife Assault*, Toronto, trad. de J. Corsi, 1991.

——: *The Abusive Husband. An Approach to Intervention*, Toronto, Clarke Institute of Psychiatry, 1987.

Commission of Minimum Standards for Batterers' Treatment: *Propose Minimum Standards for Batterers' Treatment*, Florida, Estados Unidos, 1994.

Dobash, E. y Dobash, R.: *Violence Against Wives: A Case Against the Patriarchy*, Nueva York, Free Press, 1979.

Dumas, D.: *La Sexualité Masculine*, París, Albin Michel, 1990.

Dutton, D.G.: *The Domestic Assault of Women. Psychological and Criminal Justice Perspectives*, British Columbia, University of British Columbia, 1988a.

——: "Profiling of Wife Assaulters: Preliminary Evidence for a Trimodal Analysis", *Violence and Victims*, vol. 3, N° 1, 1988b.

Echeburúa, E. (comp.): *Personalidades violentas*, Madrid, Pirámide, 1994.

Edy, M.J. y Myers, T.: *Helping Men Who Batter: A Profile of Programs in U.S.*, Houston, Texas Departament of Human Resources, 1984.

Feigen Fasteau, M.: *Le Robot Mâle*, París, Denoël-Gonthier, 1980.

Ferreira, G.: *La mujer maltratada*, Buenos Aires, Sudamericana, 1989.

——: *Hombres violentos-mujeres maltratadas*, Buenos Aires, Sudamericana, 1992.

Forward, S.: *Padres que odian*, México, Grijalbo, 1990.

Freeman, J.: *Treatment Group for Men who Batter their Wifes*, Alberta, Canadá, Central Alberta Psychotherapy Group, 1988.

Freud, S.: *Tres ensayos sobre teoría sexual*, Madrid, Alianza, 1990.

Ganley, A.: *Domestic Violence: Issues in Designing and Implementing Programs for Male Batterers*, American Psychological Association, 1978.

——: *Participant's Manual for Workshop to Train Mental Health Professionals to Counsel Mandated Batterers*, Washington, Center for Women Policy Studies, 1981.

Gondolf, E.: *Men who Batter: An Integrated Approach for Stopping Wife Abuse*, Florida, Learning Publications, 1985.

Haley, J. (1971): *Estrategias en psicoterapia*, Barcelona, Toray, 1987.

Heise, L.: *Violencia contra la mujer: la carga oculta sobre la salud*, Washington, Organización Panamericana de la Salud, 1994.

Hite, S.: *El Informe Hite sobre la sexualidad masculina*, Barcelona, Plaza & Janés, 1981.

Kaufman, M.: *Hombres, placer, poder y cambio*, Santo Domingo, CIPAF, 1989.

Kiley, D.: *El síndrome de Peter Pan*, Buenos Aires, Javier Vergara, 1985.

Kimmel, M.: "On Men", *American Behavioral Scientist*, vol. 29, N° 5, Nueva York, 1986.

——: *Changing Men. New Directions in Research on Men and Masculinity*, Newbury Park, Sage, 1987.

Mackie, M.: *Constructing Women and Men. Gender Socialization*, Toronto, H, R & W., 1987.

Miller, A.: *Por tu propio bien*, Barcelona, Tusquets, 1985.

Montagu, A.: *La naturaleza de la agresividad humana*, Madrid, Alianza, 1978.

Musitu Ochoa y otros: *Psicología de la comunicación humana*, Buenos Aires, Lumen, 1993.

Nicholson, J.: *Hombres y mujeres. ¿Hasta qué punto son diferentes?*, Barcelona, Ariel, 1987.

Opazo, R.: *Biblioterapia para el desarrollo asertivo*, Santiago, Chile, CEDICEP, 1990.

Pearson, J. y otras: *Comunicación y género*, Barcelona, Paidós, 1993.

Ptacek, J.: *The Clinical Literature on Men who Batter: A Review and Critique*, Durham, University of New Hampshire, 1984.

Rodríguez, M.: *El papel del agresor en el problema de la violencia doméstica*, San Juan de Puerto Rico, Comisión para los Asuntos de la Mujer, 1990.

Rondeau, G.: *Les programmes québecoises d'aide aux conjoints violents: rapport sur les seize organismes existants au Québec*, Montreal, Université de Montréal, 1989.

Roy, M.: *The Abusing Partner: An Analysis of Domestic Battering*, Nueva York, Van Nostrand Reinhold, 1982.

Solomon, K. y Levy, N.: *Men in Transition*, Nueva York, Plenum Press, 1982.

Saunders, D.G.: "A typology of men who batter: three types derived from cluster analysis", *American Journal of Orthopsychiatry* 62 (2), 264-275, 1992.

Shupe, A. y Stacey, W.: *Violent Men, Violent Couples: the Dynamic of Domestic Violence*, Toronto, Lexington Books, 1987.

Sonkin, D.J. y Durphy, M.: *Learning to live without violence: A Handbook for Men*, San Francisco, Volcano Press, 1982.

Sonkin, D.J.; Martin, D. y Walker, L.: *The Male Batterer: A Treatment Approach*, Nueva York, Springer Publ., 1985.

Stith, S. y Rosen, K.: *Psicosociología de la violencia en el hogar*, Bilbao, D.D.B., 1990.

Tripp, C.A.: *La cuestión homosexual*, Madrid, EDAF, 1978.

Walker, L.: *The Battered Woman*, Nueva York, Harper, 1979.

Watzlawick, P. y otros: *Teoría de la comunicación humana*, Barcelona, Herder, 1967.

Wehner, D.: *Working with Violent Men*, Australia, Clovelly Park Community Helth Centre, 1988.

Welzer-Lang, D.: *Le Viol au Masculin*, París, Ed. L'Harmattan, 1988.

APÉNDICE 1

DEVELANDO LOS MICROMACHISMOS EN LA VIDA CONYUGAL
Una aproximación a la desactivación de las maniobras masculinas de dominio

Luis Bonino Méndez

> Es preciso comprender cómo las grandes estrategias de poder se incrustan, hallan sus condiciones de ejercicio en microrrelaciones de poder... Designar estas micro-rrelaciones, denunciarlas, decir quién ha hecho qué, es una primera transformación del poder.
> Para que una cierta relación de fuerzas pueda no sólo mantenerse, sino acentuarse, estabilizarse, extenderse, es necesario realizar maniobras...
> "Diálogos con M. Foucault", *Rev. Ornicar*, 10, 1977

> En muchos ámbitos, aun hoy, la dominación masculina está bien asegurada para transitar sin justificación alguna: ella se contenta con ser, en el modo de la evidencia.
> P. BORDIEU
> "La dominación masculina", *Actes de la Recherche en sciences sociales*, 1984, Sept/90, Francia

> Es absolutamente necesario estudiar a los varones en términos del impacto de su poder sobre las mujeres...
> J. HEARNS Y D. MORGAN* 1988
> *Men masculinity and social theory*, Londres, O. Wyman

Mujeres maltratadas, varones violentos: dos dramáticos aspectos de las asimétricas relaciones de género.

En todo el mundo occidental, la violencia (masculina) hacia las mujeres se torna evidente y se deslegitima de forma creciente. Los

---

* Miembros fundadores de IASON (The International Association for Studies for Men).

dispositivos jurídicos y sanitarios ejercen acciones sobre las personas involucradas, y el campo de la salud mental no es ajeno a ello.

Sin embargo, la deslegitimación y los abordajes legales y terapéuticos se han realizado casi exclusivamente sobre las formas evidentes, máximas y trágicas de dicha violencia y sus efectos. Quedan así ignoradas múltiples prácticas de violencia y dominación masculina en lo cotidiano, que se ejecutan impunemente, algunas invisibilizadas, otras legitimadas con la impunidad de lo naturalizado.

En este trabajo trataré estas prácticas, a las que he denominado "micromachismos", ciñéndome a su descripción y sus efectos en el ámbito conyugal. Ellas suelen producir, sobre todo en las relaciones de larga duración, diversos efectos que frecuentemente son motivo de consulta, y que al invisibilizarse su producción intersubjetiva suelen atribuirse a "ciertas" características femeninas. Algunos de estos efectos son: disfunciones familiares, malestares, baja autoestima e irritabilidad de las mujeres y defensas interpersonales rígidas en los varones.

Desconocedores de estas prácticas, mujeres y terapeutas individuales y familiares (y a veces los varones, ya que muchas de ellas son no conscientes) no las perciben, o lo hacen acríticamente, con lo que contribuyen a perpetuarlas.

Creo que es importante develar estos mecanismos como parte de la tarea de recuperar críticamente dimensiones alienantes de la cotidianidad naturalizada. Visibilizarlas es un primer paso para intentar su neutralización en las relaciones entre mujeres y varones en el núcleo conyugal. Primer paso que puede contribuir a modificar los juegos de dominio y permitir el desarrollo de relaciones más cooperativas, honestas e igualitarias en derechos y obligaciones.

Luego de proponer una clasificación descriptiva de los micromachismos, que espero ayude a su develamiento, finalizaré el trabajo con la enumeración de una serie de requisitos que creo debe cumplir el/la terapeuta para intentar desactivarlos, como parte de su tarea.

En tanto, me dedicaré a continuación a poner en palabras ciertos aspectos de la relación entre mujeres y varones donde el ejercicio del poder está en juego. Creo necesario, antes de abordar el tema, exponer algunas de las premisas que, apoyadas en las ideas de Foucault, los estudios feministas de género y las prácticas de terapeutas familiares feministas que trabajan con varones, sustentan este trabajo.

Poder y género

En cuanto al poder, éste no es una categoría abstracta; el poder es algo que se ejerce, que se visualiza en las interacciones (donde sus integrantes las despliegan). Este ejercicio tiene un doble efecto: opresivo y configurador, en tanto provoca recortes de la realidad que definen existencias (espacios, subjetividades, modos de relación, etcétera).

Dos acepciones surgen con la palabra "poder": una es la capacidad de hacer, el poder personal de existir, decidir, autoafirmarse; requiere una legitimación social que lo autorice. Otra, la capacidad y la posibilidad de control y dominio sobre la vida o los hechos de los otros, básicamente para lograr obediencia y lo de ella derivada; requiere tener recursos (bienes, afectos) que aquella persona que quiera controlarse valore y no tenga, y medios para sancionar y premiar a la que obedece.

En este segundo tipo de poder, se usa la tenencia de los recursos para obligar a interacciones no recíprocas, y el control puede ejercerse sobre cualquier aspecto de la autonomía de la persona a la que se busca subordinar (pensamiento, sexualidad, economía, capacidad decisoria, etcétera).

La desigual distribución del ejercicio del poder sobre otros u otras conduce a la asimetría relacional. La posición de género (femenino o masculino) es uno de los ejes cruciales por donde discurren las desigualdades de poder, y la familia, uno de los ámbitos en que se manifiesta. Esto es así porque la cultura ha legitimado la creencia en la posición superior del varón: el poder personal, la autoafirmación, es el rasgo masculino por antonomasia. Ser varón supone tener el derecho a ser protagonista (independientemente de cómo se ejerza ese derecho). La cultura androcéntrica niega ese derecho a las mujeres, que deberán entonces (si pueden) conquistarlo. A través de la socialización, esto deviene en la creencia generalizada de que los varones tienen derecho a tomar decisiones o expresar exigencias a las que las mujeres se sienten obligadas, disminuyendo su valor y necesitando la aprobación de quien a ellas les exige. La ecuación "protección por obediencia" refleja esta situación y demuestra la concepción del dominio masculino.

Este dominio, arraigado como idea y como práctica en nuestra cultura, se mantiene y se perpetúa por:

- Su naturalización.
- La falta de recursos de las mujeres.
- Uso por los varones del poder de macrodefinición de la realidad y de otro poder que especialmente nos interesa: el poder de microdefinición, que es la capacidad y habilidad de orientar el tipo y el contenido de las interacciones en términos de los propios intereses, creencias y percepciones. Poder de puntuación que se sostiene en la idea del varón como autoridad que define qué es lo correcto (Saltzman, 1989).

Y la mujer, ¿qué poderes ejerce?: el sobrevalorado poder de los afectos y el cuidado erótico y maternal. Con él logra que la necesiten. Pero éste es un poder delegado por la cultura androcéntrica, que le impone la reclusión en el mundo privado. En este mundo se le alza un altar engañoso y se le otorga el título de reina, título paradójico, ya que no puede ejercerlo en lo característico de la autoridad (la capacidad de decidir por los bienes y personas y sobre ellos), quedando sólo con la posibilidad de intendencia y administración de lo ajeno. Poder además característico de los grupos subordinados, centrados en "manejar" a sus superiores haciéndose expertos en leer sus necesidades y en satisfacer sus requerimientos, exigiendo algunas ventajas a cambio. Sus necesidades y reclamos no pueden expresarse directamente, y por ello se hacen por vías "ocultas", quejas, distanciamientos, etcétera.

Estas situaciones de poder (que desde la normativa genérica desfavorecen a las mujeres) suelen ser invisibilizadas en las relaciones de pareja, llevando a la creencia de que en ellas se desarrollan prácticas recíprocamente igualitarias y velando la mediatización social que adjudica a los varones, por el hecho de serlo, un plus de poder del que carecen las mujeres.

Si bien no todas las personas se adscriben igualmente a su posición de género, y aunque el discurso de la superioridad masculina está en entredicho, el poder configurador de la masculinidad como modelo sigue siendo enorme. Aun las creencias ancestrales oscurecen las injusticias, aplauden las conductas masculinas y censuran a la mujer que asume otras competencias.

Estas premisas que he planteado no son fácilmente aceptadas, ya que implican un desafío a lo "dado", y son aun menos aceptadas por los varones, en tanto ponen al descubierto las ventajas masculinas en relación con las mujeres y obligan por ello al consiguiente dilema ético de cómo posicionarse frente a esta injusta situación, que por otra parte se encuentra en la base de la socialización masculina. Por ello, aun en el tema poco abordado de los varones en terapia, las personas que se han ocupado de él son en general mujeres (Bograd, 1991; Erickson, 1993). Los varones se han ocupado más de abordar los "costos" de la condición masculina (Meth y Pasick, 1990), si bien algunos –principalmente abordando a varones violentos– han incluido estas premisas.

Para estos trabajos, la comprensión de la construcción de la identidad masculina y sus modos de relacionarse se revelan como indispensables.

Los micromachismos

Como expresé anteriormente, llamo así a las prácticas de dominación masculina en la vida cotidiana, del orden de lo "micro", al decir de Foucault, de lo capilar, lo casi imperceptible, lo que está en los límites de la evidencia.

Decidí incluir "machismo" en el neologismo que creé para definir estas prácticas, porque si bien no es un término claro (en tanto designa tanto la ideología de la dominación masculina como los comportamientos exagerados de dicha posición), alude, en el lenguaje popular, a una connotación negativa de los comportamientos de inferiorización hacia la mujer, que era lo que quería destacar en el término.

Se trata de un amplio abanico de maniobras interpersonales que realizan los varones para intentar:

– mantener el dominio y su supuesta superioridad sobre la mujer objeto de la maniobra;

- reafirmar o recuperar dicho dominio ante una mujer que se "rebela" por "su" lugar en el vínculo;
- resistirse al aumento de poder personal o interpersonal de una mujer con la que se vincula, o aprovecharse de dichos poderes.

Son microabusos y microviolencias que atentan contra la autonomía personal de la mujer, en los que los varones, por efecto de su socialización de género son expertos, socialización que, como sabemos, está basada en el ideal de masculinidad tradicional: autonomía; dueño de la razón, el poder y la fuerza, ser para sí, y definición de la mujer como inferior y a su servicio. A través de ellos se intenta imponer sin consensuar el propio punto de vista o razón. Son efectivos porque los varones tienen, para utilizarlos válidamente, un aliado poderoso: el orden social, que otorga al varón, por serlo, el "monopolio de la razón" y, derivado de ello, un poder moral por el que se crea un contexto inquisitorio en el que la mujer está en principio en falta o como acusada: "exageras" y "estás loca" son dos expresiones que reflejan claramente esto (Serra, 1993).

Destinados a que las mujeres queden forzadas a una mayor disponibilidad hacia el varón, ejercen este efecto a través de la reiteración, que conduce inadvertidamente a la disminución de la autonomía femenina, si la mujer no puede contramaniobrar eficazmente.

Su ejecución brinda "ventajas", algunas a corto, otras a largo plazo para los varones, pero ejercen efectos dañinos en las mujeres, las relaciones familiares y ellos mismos, en tanto quedan atrapados en modos de relación que convierten a la mujer en adversaria, impiden el vínculo con una compañera y no aseguran el afecto, ya que el dominio y el control exitoso sólo garantizan obediencia y generan resentimientos.

Aun los varones mejor intencionados los realizan, porque están fuertemente inscritos en su programa de actuación con las mujeres. Algunos micromachismos son conscientes y otros se realizan con la "perfecta inocencia" de lo inconsciente.

Con esta maniobra no sólo se intenta instalarse en una situación favorable de poder, sino que se busca la reafirmación de la identidad masculina, asentada fuertemente en la creencia de superioridad. Finalmente, mantener bajo dominio a la mujer permite también (y éste es un objetivo que se debe trabajar cuando se intenta desactivar estas maniobras) mantener controlados diversos sentimientos que la mujer provoca, tales como temor, envidia, agresión o dependencia.

Puntualmente, estas maniobras pueden no parecer muy dañinas, incluso pueden resultar naturales en las interacciones, pero su poder, devastador a veces, se ejerce por la reiteración a través del tiempo, y puede detectarse por la acumulación de poderes de los varones de la familia a lo largo de los años. Un poder importante en este sentido es el de crearse y disponer de tiempo libre a costa de la sobreutilización del tiempo de la mujer.

Sus más frecuentes efectos, tales como la perpetuación en los disbalances y disfunciones en la relación, el deterioro en la autoestima y autonomía femeninas y el aislamiento y la consolidación de prejuicios misóginos en el varón, se producen con denegación de su causalidad y atribución culposa a la mujer (uno de los micromachismos más frecuentes).

Neutralización, poder de microdefinición, normativa genérica, falta de recursos de las mujeres, aspectos todos que avalan estas prácticas y que no podemos tampoco desconocer si queremos desactivarlas.

Quizás uno de los mecanismos más férreamente consolidados en el sostenimiento de éstas, como de otras que conducen al racismo, la xenofobia o la homofobia, sea el de la objetificación. La creencia de que sólo algunos varones (blancos) heterosexuales tienen el *status* de persona permite percibir, en este caso, a las mujeres como "menos" persona, negándoles reconocimiento y justificando el propio accionar abusivo (Brittan, 1989). Pero adentrarnos en esto excede en mucho el objetivo de este trabajo en el que sólo intento visibilizar los micromachismos.

Tipología de los micromachismos

A los fines de evidenciar con mayor precisión estas prácticas, me dedicaré a continuación a su descripción, y para ello he desarrollado una clasificación en tres categorías: los micromachismos coercitivos (o directos), los encubiertos (de control oculto o indirectos) y los de crisis.

En los *coercitivos*, el varón usa la fuerza moral, psíquica, económica o de la propia personalidad, para intentar doblegar y hacer sentir a la mujer sin la razón de su parte.

Ejercen su acción porque provocan un acrecentado sentimiento de derrota posterior al comprobar la pérdida, ineficacia o falta de fuerza y capacidad para defender las propias decisiones o razones. Todo ello suele promover inhibición, desconfianza en sí misma y disminución de la autoestima, lo que genera más disbalance de poder.

En los micromachismos *encubiertos,* el varón oculta (y a veces se oculta) su objetivo de dominio. Algunas de estas maniobras son tan sutiles que pasan especialmente desapercibidas, razón por la que son más efectivas que las anteriores.

Impiden el pensamiento y la acción eficaz de la mujer, llevándola a hacer lo que no quiere y conduciéndola en la dirección elegida por el varón. Aprovechan su dependencia afectiva y su pensamiento "confiado". Provocan en ella sentimientos de desvalimiento, emociones acompañadas de confusión, zozobra, culpa, dudas de sí, impotencia, que favorecen el descenso de la autoestima y la autocredibilidad.

Por no ser evidentes, no se perciben en el momento, pero se sienten sus efectos, por lo que conducen habitualmente a una reacción retardada (y "exagerada", dicen los varones) por parte de la mujer, como mal humor, frialdad o estallidos de rabia "sin motivo".

Son muy efectivos para que el varón acreciente su poder de llevar adelante "sus" razones, y son especialmente devastadores con las mujeres muy dependientes de la aprobación masculina.

Tienen todas las características de lo que el psicoanálisis llama "mecanismos psicopáticos", y se vehiculizan frecuentemente a través de la identificación proyectiva, inductora de comportamientos. A diferencia de las maniobras anteriores que se asientan en gran medida en el rechazo, éstas lo hacen más en la desconfirmación.

En cuanto a los micromachismos *de crisis,* suelen utilizarse en momentos de desequilibrio en el estable disbalance de poder en las relaciones, tales como aumento del poder personal de la mujer por cambios en su vida o pérdida del poder del varón por razones físicas o laborales. El varón, al sentirse perjudicado, puede utilizar específicamente estas maniobras o utilizar las definidas anteriormente, aumentando su cantidad o su intensidad con el fin de restablecer el statu quo.

He construido estas categorías a partir de ir descubriendo y clasificando, desde la perspectiva de las relaciones de género, múltiples acciones cotidianas de los varones extraídas de la práctica clínica, la vida diaria y la bibliografía. Muchas de estas acciones están naturalizadas, desconociéndose su función al servicio de la dominación.

Cada categoría está formada por un repertorio de maniobras, a las que he ido designando y definiendo, en el intento siempre difícil de su visibilización. Espero que el listado siguiente sea útil para develar aquello que, como terapeutas y como personas, debemos contribuir a desactivar: las menos dramáticas pero igualmente destructoras formas de la microdominación cotidiana.

Micromachismos coercitivos

La siguiente enumeración, como la de las otras categorías que realizaré más adelante, procura nombrar, en un desordenado orden, algunas de las maniobras que he podido comprobar con más frecuencia. Quizás estas descripciones animen al lector a ir develando otras, de las cuales impensadamente (o no) es sujeto u objeto.

Intimidación. Maniobra atemorizante que se ejerce cuando ya se tiene fama (real o fantaseada) de abusivo o agresivo. Se dan indicios de que si no se obedece, "algo" podrá pasar. Implica un arte en el que la mirada, el tono de voz, la postura y cualquier otro indicador verbal o gestual pueden servir para atemorizar. Para hacerla creíble, es necesario, cada tanto, ejercer alguna muestra de poder abusivo físico, sexual o económico, para recordarle a la mujer qué le puede pasar si no se somete.

Toma repentina del mando. Ejercicio de más o menos sorpresiva anulación o no tenida en cuenta de las decisiones de la mujer, basada en la creencia del varón de que él es el único que toma decisiones. Ejemplos de esta maniobra son: tomar decisiones sin consultar, ocupar espacios comunes, opinar sin que se lo pidan, monopolizar, etcétera.

El cortocircuito es un tipo especial de esta maniobra: consiste en tomar decisiones sin contar con la mujer, en situaciones que la involucran y en las que es difícil negarse –invitaciones a último momento de personas importantes: jefes, parientes, etcétera– (Piaget, 1993).

Apelación al argumento lógico. Se recurre a la lógica (varonil) y a la "razón" para imponer ideas, conductas o elecciones desfavorables a la mujer.

Utilizada por varones que suponen que tienen la "única" razón o que la suya es la mejor. No tienen en cuenta los sentimientos ni las alternativas y suponen que exponer su argumento les da derecho a salirse con la suya.

No se cesa de utilizar hasta que se dan lógicas razones (las del varón, por supuesto), y obligan a tener muy en claro la propia posición si la mujer no quiere someterse. Provoca intenso agobio.

Ejemplo frecuente de esto es la elección del lugar de vacaciones, si a la mujer no le gusta el lugar elegido por el varón de la pareja.

Es muy eficaz con mujeres que tienen un modo perceptivo o intuitivo de abordaje de la realidad.

Insistencia abusiva. Conocida como "ganar por cansancio", consiste en obtener lo que se quiere por agotamiento de la mujer en mantener su propia opinión, que al final acepta lo impuesto a cambio de un poco de paz.

Control del dinero. Gran cantidad de maniobras son utilizadas por el varón para monopolizar el uso o las decisiones sobre el dinero, limitando el acceso de la mujer a él o dando por descontado que el hombre tiene más derecho a ello. Algunas de ellas: no información sobre usos del dinero común, control de gastos y exigencia de detalles, retención –lo que obliga a la mujer a pedir– (Coria, 1992). Incluyo también en este apartado la negación del valor económico que supone el trabajo doméstico y la crianza y el cuidado de los niños.

Uso expansivo del espacio físico. Esta práctica se apoya en la idea de que el espacio es posesión masculina, y que la mujer lo precisa poco. Así, en el ámbito hogareño, el varón invade con su ropa toda la casa, utiliza para su siesta el sillón del salón impidiendo el uso de ese espacio común, monopoliza el televisor u ocupa con las piernas todo el espacio inferior de la mesa cuando se sientan alrededor de ella, entre otras maniobras (Guillaumin, 1992).

Micromachismos encubiertos

Son los que atentan de modo más eficaz contra la simetría relacional y la autonomía femenina, por su índole insidiosa y sutil que los torna especialmente invisibles en cuanto a su intencionalidad.

Maternalización de la mujer. La inducción a la mujer a "ser para otros" es una práctica que impregna el comportamiento masculino. De las múltiples caras de esta maniobra, sólo nombraré algunas: pedir, fomentar o crear condiciones para que la mujer priorice sus conductas de cuidado incondicional (sobre todo hacia el mismo varón), promover que ella no tenga en cuenta su propio desarrollo laboral, acoplarse al deseo de ella de un hijo, prometiendo ser un "buen padre" y desentenderse luego del cuidado de la criatura.

Este tipo de maniobras, junto con la sacralización de la maternidad y la delegación de la carga doméstica y la crianza de los hijos (definiéndose el varón sólo como "ayudante"), son las más frecuentes microviolencias sobre la autonomía de la mujer, al obligarla a un sobreesfuerzo vital que le impide su desarrollo personal.

Maniobras de explotación emocional. Se aprovechan de la dependencia afectiva de la mujer y su necesidad de aprobación para promover en ella dudas sobre sí misma, sentimientos negativos y, por lo tanto, más dependencia. Se usan para ello dobles mensajes, insinuaciones, acusaciones veladas, etcétera. De entre su amplia variedad podemos destacar:

• Culpar a la mujer de cualquier disfunción familiar (con la consiguiente inocentización del varón).

• Requerimientos abusivos solapados: son tipos de pedidos "mudos" que apelan a aspectos del rol femenino tradicional. Ejemplos comunes de estos requerimientos son los comportamientos de "aniñamiento tiránico" que utilizan los varones cuando enferman, así como la exigencia (generalmente no verbal) de ocuparse de la familia de él, sus amigos y los animales que usualmente él promueve que los hijos tengan en casa.

• Culpabilización del placer que la mujer siente con otras personas o situaciones donde él no esté: asentada en la creencia de que la mujer sólo puede disfrutar con su compañero afectivo y por él.

• Elección forzosa: maniobras del tipo de "Si no haces esto por mí es que no me quieres".

• Enfurruñamiento: acusación culposa no verbal frente a acciones que no le gustan al varón, pero a las cuales no se puede oponer con argumentos "racionales" (al estilo de "A mí no me importa que salgas sola", dicho con cara de enfado).

Maniobras de desautorización. Conducen a inferiorizar a la mujer a través de un sinnúmero de descalificaciones, que en general son consonantes con las descalificaciones que la cultura tradicional realiza, y que hacen mella en la necesidad de aprobación femenina. Entre ellas:

• Redefinición como negativas, de cualidades o cambios positivos de la mujer.

• Colusión con terceros con los que la mujer tiene vínculos afectivos (parientes, amistades) a través del relato de historias sesgadas, secreteos, etcétera (Bograd, 1991).

• Descalificación de cualquier transgresión del rol tradicional.

Un gesto muy utilizado para acompañar estas maniobras es "la cara de perro", que difícilmente es aceptado como propio por el varón.

Terrorismo. Se trata de comentarios descalificadores repentinos, sorpresivos, tipo "bomba", que dejan indefensa a la mujer por su carácter abrupto. Producen confusión, desorientación y parálisis. Utilizan la sospecha, la agresión y la culpabilidad. Pertenecen a este tipo los sorpresivos comentarios descalificadores del éxito femenino, resaltar la cualidad de la mujer-objeto y recordar las "tareas femeninas" con la familia, en contextos no pertinentes (Coria, 1992).

Paternalismo. En este tipo de maniobra se enmarca la posesividad y a veces el autoritarismo del varón, haciendo "por" y no "con" la mujer e intentando aniñarla. Se detecta sobre todo cuando ella se opone, y él no puede tolerar no controlarla.

Creación de falta de intimidad. Actitudes activas de alejamiento, que bloquean la puesta en juego de las necesidades relacionales de la mujer y evitan la intimidad que para el varón supone riesgo de perder poder y quedar a merced de la mujer (Weingarten, 1991):

– Negación del reconocimiento. Comportamientos de avaricia de reconocimiento de la mujer como persona y de sus necesidades, que conducen al hambre de afecto (el que, en mujeres dependientes, aumenta su dependencia). Provoca sobrevaloración de lo poco que brinda el varón –ya que lo escaso suele vivirse como valioso– (Benard y Schiaffer, 1990).

– Silencio. Renuencia a hablar o hablar de sí, con efectos de "misteriosidad". Su objetivo es evitar el desenmascaramiento y el control de las reglas del diálogo. Algunas de estas maniobras son: encerrarse en sí mismo, no contestar, no preguntar, no escuchar, hablar por hablar sin comprometerse, etcétera (Durrant y White, 1990; Wieck, 1987).

– Negación a la mujer de su derecho a ser cuidada (e imposición del deber de ser cuidadora).

– Inclusión invasiva de amigos, reuniones y actividades, limitando al mínimo o haciendo dejar de existir los espacios de intimidad. A veces acompañada de la acusación a la mujer de ser "poco sociable".

Engaños. Se desfigura la realidad al ocultar lo que no conviene que la mujer sepa, porque si no el varón puede resultar perjudicado en determinadas ventajas que no quiere perder. Pertenecen a este tipo maniobras tales como: negar lo evidente, incumplir promesas, adular, crear una red de mentiras, apelar a la desautorización de las "intuiciones" de la mujer para ocultar infidelidades. Dan poder en tanto impiden un acceso igualitario a la información.

Autoindulgencia sobre la propia conducta perjudicial. Maniobras que procuran bloquear la respuesta de la mujer ante acciones e inacciones del varón que la desfavorecen. Hacen callar apelando a "otras razones", y eludiendo la responsabilidad de la acción. Entre ellas:

– Hacerse el tonto: se apela a la inconsciencia ("No me di cuenta"), a las dificultades de los varones ("Quiero cambiar, pero me cuesta"), a las obligaciones laborales ("No tengo tiempo para ocuparme de los niños"), a la torpeza, a la parálisis de la voluntad ("No pude controlarme").

– Comparación ventajosa: se apela a que hay otros varones peores.

Micromachismos de crisis

Seudoapoyo. Apoyos que se enuncian sin ir acompañados de acciones cooperativas, realizados con mujeres que acrecientan su ingreso al espacio público. Se evita con ello la oposición frontal, y no se ayuda a la mujer a repartir su carga doméstica y tener más tiempo.

Desconexión y distanciamiento. Se utilizan diversas formas de resistencia pasiva: falta de apoyo o colaboración, conducta al acecho (no toma la iniciativa, espera y luego critica: "Yo lo hubiera hecho mejor"), amenazas de abandono o abandono real (refugiándose en el trabajo o en otra mujer "más comprensiva").

Hacer méritos. Maniobras consistentes en hacer regalos, prometer ser un buen hombre, ponerse seductor y atento, hacer cambios superficiales, sobre todo frente a amenazas de separación. Se realizan modificaciones puntuales que implican ceder posiciones provisoriamente por conveniencia, sin cuestionarse la creencia errónea de la "naturalidad" de la tenencia de dicha posición.

Dar lástima. Comportamientos autolesivos tales como accidentes, aumento de adicciones, enfermedades, amenazas de suicidio, que apelan a la predisposición femenina al cuidado y le inducen a pensar que sin ella él podría terminar muy mal. El varón exhibe aquí, manipulativamente, su invalidez para el autocuidado.

W. Shakespeare ilustra, espléndidamente, las estrategias de utilización de muchas de estas maniobras en función de dominar a la mujer, restringiendo con hábiles artes su autonomía, en su obra *La fierecilla domada*. Su lectura alumbra con gran nitidez el efecto devastador de estas estrategias de dominio.

La efectividad de todas estas maniobras, junto a la falta de autoafirmación de la mujer, forman una explosiva mezcla con negativos efectos relacionales: mujeres muchas veces enormemente deterioradas en su autonomía y varones con aislamiento emocional progresivo y creciente desconfianza en la mujer, a quien nunca terminan de poder someter plenamente.

Si bien hemos tenido en mente para la anterior clasificación a la pareja conyugal, muchas de estas maniobras son igualmente realizadas en el ámbito familiar con las propias hijas y madres.

Quizás esta larga clasificación haya provocado alivios y rechazos. Como en todo tema que se devela, suele ser más frecuente que sientan alivio aquellos a quienes la invisibilización los desfavorecía, y rechazo quienes se sentían favorecidos por dicha invisibilización.

Tolerar la visibilización no es tarea fácil. No muchas mujeres, pese a entender maniobras en que se ven involucradas, soportan el reconocimiento de su propia subordinación (Dio Bleichmar, 1992). Pocos varones, pese a reconocerse en este listado, están dispuestos a aceptar, a pesar de sus cambios, lo que en ellos aún permanece de la atávica dominancia masculina (Brittan, 1989). Pero la transformación se basa en esos dolorosos reconocimientos y aceptaciones.

Sería un error que de esta clasificación se dedujera la "maldad" de los varones. Sólo he intentado describir comportamientos de los que ellos sí son responsables, de los que las mujeres no son responsables y que sólo a ellos les cabe intentar modificar si desean relaciones igualitarias y cooperativas con las mujeres.

Requisitos para la desactivación de los micromachismos

Estoy cada vez más convencido de que el abordaje de la violencia masculina no puede centrarse sólo en sus formas extremas, sino que debe incluir los micromachismos que, como he intentado mostrar, son formas de violencia y abuso cotidianos. Ellos generan alto monto de sufrimiento, relaciones defensivo-agresivas y disbalances de poder, que se oponen a la plena potenciación de las personas.

A diferencia de las grandes situaciones de violencia, que requieren un contexto terapéutico más o menos especial, en todo espacio psicoterapéutico pueden detectarse y pensar caminos para develar, desactivar y transformar los micromachismos.

Las estrategias clásicas diferirán en función del contexto terapéutico.

En las terapias de pareja o familia, los micromachismos y sus efectos se pondrán en escena ante el o la terapeuta.

En las terapias con varones habrá que inferirlos, ya que la mujer objeto de estas maniobras está ausente, y el varón suele no responsabilizarse del efecto de sus conductas.

En las terapias con mujeres será preciso descubrir cuál de sus malestares son efecto de los reiterados micromachismos ejercidos sobre ellas, y distinguir la problemática intrasubjetiva de lo inducido por la manipulación ajena.

No es propósito de este artículo desarrollar estas estrategias, aunque para finalizar enumeraré algunos requisitos que creo necesita cumplir el terapeuta que desee enfrentarse a la tarea de transformación de estas prácticas:

- Intentar develar sus puntos ciegos en relación con su propia posición de género, los aspectos asimétricos de la relación con el otro género y la naturalización de la sobrecarga hacia la mujer.
- Revisar los propios prejuicios sexistas, sobre todo en relación con los patrones de reciprocidad, justicia/injusticia, cuidado/no cuidado del otro/a.
- Aclararse las propias creencias sobre la validez de los hechos abusivos y la propia reacción frente a ellos (sobre todo pensando en los ejes temor/enfrentamiento y neutralidad/parcialidad).
- Tener la capacidad de confrontar, de soportar confrotaciones y de poner en práctica la autoafirmación de modo asertivo.
- Conocer los modos de construcción de la condición masculina, sus privilegios y sus costos, a fin de ayudar a la familia y al propio varón a desconstruir los aspectos dominantes del rol masculino tradicional.
- Tener una actitud clínica de alerta para detectar las maniobras de control de los varones (que fácilmente pueden quedar invisibilizadas). Espero que la clasificación antes propuesta contribuya a ello.
- El terapeuta debe estar capacitado para realizar intervenciones que hagan impacto sobre el balance de poder interpersonal, a fin de no estereotipar los disbalances que sostienen statu quo disfuncionales. (Algunas de estas intervenciones son: reorganización de responsabilidades, rebalance de acuerdos, develamiento

de maniobras de control, redefinición de las "provocaciones" femeninas, puestas de límites a los abusos, apoyo al aumento del poder personal de la mujer, etcétera.)

• Saber que es probable que el varón intente ejercer maniobras de control sobre el o la terapeuta, más si es mujer. El terapeuta varón deberá prestar especial atención a los intentos del varón por lograr su alianza para desautorizar a la mujer (Bograd, 1991).

• La ética del cuidado debe ser incluida como marco referencial, para ayudar a los varones a hacerse responsables de los efectos de su propia conducta (Sheinberg, 1992).

Bibliografía

Benard, Ch. y Schiaffer, J. (1990): *Dejad a los hombres en paz*, Barcelona, Paidós, 1993.

Bograd, M.: *Feminist approaches for men in family therapy*, Nueva York, Harrington Park Press, 1991.

Bonino, L.: "Varones y abuso doméstico", en P. Sanromán (coord.), *Salud mental y ley*, Madrid, AEN, 1991.

Brittan, A.: *Masculinity and power*, Oxford, Uk. Blackwell, 1989.

Burin, M.: *Estudios sobre la subjetividad femenina*, Buenos Aires, GEL, 1987.

Coria, C.: *Los laberintos del éxito*, Buenos Aires, Paidós, 1992.

Dell, P.: "Violence and the systemic view: The problem of power", *Family Process* 28:1-14, 1989.

Dio Bleichmar, E.: "Los pies de la ley en el deseo femenino", en Fernández, A.M. (comp.), *Las mujeres en la imaginación colectiva*, Buenos Aires, Paidós, 1992.

Durrant, M. y White, Ch. (1990): *Terapia del abuso sexual*, Barcelona, Gedisa, 1993.

Erickson, B.: *Helping men*, Londres, Sage, 1993.

Fernández, A.M. y Giberti, E. (comps.): *La mujer y la violencia invisible*, Buenos Aires, Sudamericana, 1989.

Flaskas, M. y Humphreys, C.: "Theorizing about power: intersecting the ideas of Foucault with the 'problem' of power in Family therapy", *Family Process* 32:35-47, 1993.

Goodrich, T. y otras: *Terapia familiar feminista*, Buenos Aires, Paidós, 1989.

Guillaumin, C.: *Sexe. Race et practique du pouvoir*, París, Côtef, 1992.

Jenkins, A.: *Invitations to responsibility: the therapeutic engagement of men who are violent and abusive*, Adelaida, Dulwich Centre Publ., 1990.

Meth, R. y Pasick, R.: *Men in therapy*, Nueva York, Guilford, 1990.

Novelli, A.: "Mujeres y negociación", III Seminario Internacional "Mujer y poder", Madrid, UAM, 1994.

Piaget, J.: *Personas dominantes*, Buenos Aires, Vergara, 1993.

Rabkin, R.: "Who Pays the pipes?", *Family Process* 17:485-488, 1978.

Saltzman, J. (1989): *Equidad y género*, Madrid, Cátedra, 1992.

Serra, P.: "Physical violence in the couple relationship", *Family Process* 32: 21-33, 1993.

Sheinberg, M.: "Navigating treatment impasses at the disclosure of incest: combining ideas from feminism and social constructionism", *Family Process* 31:201-216, 1992.

Walters, M. y otras (1988): *La red invisible*, Buenos Aires, Paidós, 1993.

Weingarten, K.: "The discourse of intimacy: adding a social constructionist and feminist view", *Family Process* 30:285-305, 1991.

White, M. y Epston, D.: *Literate means to therapeutic ends*, Adelaida, Dulwich Centre Publ., 1989.

Wieck, W.: *Manneer lassen lieben*, Stuttgart, K. Verlag, 1987.

APÉNDICE 2

MODELO DE FICHA DE ADMISIÓN *

* Este modelo de Ficha de Admisión ha sido adaptado del original propuesto por David Currie. En la presente adaptación, han participado la doctora Patricia Paggi y la licenciada Silvia Suárez Loto, con la coordinación del licenciado Jorge Corsi.

VIOLENCIA FAMILIAR: SERVICIO DE ASISTENCIA A HOMBRES

ENTREVISTA DE ADMISIÓN

Fecha: ....../....../19...

DATOS PERSONALES

Apellido y nombre:
Nº y clase documento:
Domicilio real:
Teléfono:
Domicilio laboral:
Teléfono:
Edad:
Estado civil:
1. actual
2. anterior
3. si es divorciado
   a) de común acuerdo
   b) litigioso
Hijos: 1. Sí
   a) de esta relación
   b) anteriores / propios / de la esposa
   c) cantidad
   d) sexo
   e) edad
   2. No
Nacionalidad:

Educación:
• Lee y escribe:
   1. Sí
   2. No
• Primario: 1. Completo 2. Incompleto
• Secundario: 1. Completo 2. Incompleto
• Universitario: 1. Completo 2. Incompleto
• Otros

Ocupación:
Trabaja: 1. Sí   2. No
Empleado: 1. Administrativo
               2. Servicios
Profesional:
   1. en relación de dependencia
   2. independiente
Obrero:
   1. especializado
   2. no especializado
Cuenta propia:

Tipo de vivienda:
1. casa
2. departamento
3. hotel-pensión
4. prefabricada
5. conventillo
6. otro
   a. propietario
   b. inquilino
   c. otro

ESPOSA-PAREJA

Apellido y nombre:
Domicilio real:
Domicilio laboral:
Edad:
Teléfono:
Nacionalidad:
Ocupación:

DEMANDA

1. Origen de la demanda:
   a. Orden judicial
   b. Consejo de su pareja
   c. Derivación interna
   d. Decisión personal
   e. Otro: ¿cuál?
   ¿Por qué en este momento?

2. Si convive con su pareja,
   ¿desde cuándo lo hace?
   1. 6 meses o menos
   2. 6 a 12 meses
   3. 1 a 5 años
   4. 5 a 10 años
   5. Más de 10 años

3. Si está separado:
   1. ¿Cuánto tiempo hace?
   2. Motivos
   3. Actualmente:
      a) ¿vive solo?
      b) ¿acompañado? ¿con quién?

Antecedentes de violencia en la pareja

4. Alguna vez usted:
   a. se burló de su mujer
   b. le gritó
   c. la insultó
   d. la culpó de todos los problemas
      de la familia
   e. le dijo "loca", "bruta", "puta",
      "estúpida", etc.
   f. la amenazó con violencia
   g. la criticó como madre, amante
      o trabajadora
   h. la amenazó con maltratar a
      los hijos
   i. le hizo cosas para atemorizarla
   j. la empujó, tiró del pelo o
      abofeteó
   k. la inmovilizó y golpeó
   l. la agredió con armas u otros ob-
      jetos
   m. se burló de su sexualidad
   n. exigió sexo con amenazas

5. En el último episodio de violencia usted ha cometido:
   1. violencia física
   2. violencia emocional
   3. violencia sexual
   4. destrucción de efectos personales
   5. otro, ¿cuál?
   Describa las circunstancias en que se produjo:

6. ¿Cuánto tiempo hace que usted ejerce
   violencia contra su mujer?

7. ¿Con qué frecuencia estima usted que
   se producen los episodios de violencia?

8. ¿Cuántas veces después de episodios de
   violencia, su mujer necesitó atención médica?

9. ¿Qué tipo de atención fue necesaria?
   1. asistencia de emergencia
   2. internación
   3. asistencia psicológica y psiquiátrica

10. ¿Alguna vez fue necesaria la interven-
    ción policial?
    1. No
    2. Sí
       a) ¿cuántas veces?
       b) ¿motivo?
       c) ¿hubo presentación de denuncia?

11. ¿Alguna vez los episodios de violencia
    ocurrieron cuando usted estaba bajo los
    efectos de estimulantes?
       1. No   2. Sí

12. ¿Alguna vez los episodios de violencia
    ocurrieron cuando usted estaba bajo el
    efecto del alcohol?
       1. No   2. Sí

13. ¿Hay antecedentes de alcoholismo en
    su familia?
       1. No   2. Sí
14. ¿Cuáles son sus hábitos de bebida?

1. frecuencia:
   a) igual durante toda la semana
   b) no toma durante la semana laboral
   c) toma más en el fin de semana
   d) sólo toma ocasionalmente
   e) no toma
2. cantidad diaria:
   a) ¿cuántos vasos de vino?
   b) ¿cuántas cervezas?
   c) ¿cuántos vasos de otras bebidas?

15. ¿Acostumbra tomar medicamentos relajantes o estimulantes?
   1. No
   2. Sí
      a) ¿cuáles?
      b) ¿con qué frecuencia?
      c) ¿por indicación de quién?

16. ¿Usted piensa que tiene un problema de alcoholismo o drogadependencia?
   1. No   2. Sí

Antecedentes personales de violencia

17. ¿Cómo está constituida su familia de origen?
   1. padre
   2. madre
   3. hermanos
   4. ubicación entre los hermanos

18. ¿Usted recuerda que su padre amenazara, despreciara, insultara o pegara a su madre?
   1. No   2. Sí

19. Cuando era niño, ¿sus padres le pegaban, amenazaban, insultaban, despreciaban o ejercían otra forma de maltrato con usted?
   1. No
   2. Sí   a) su madre   b) su padre
            c) otros miembros de la familia

20. ¿Usted considera que es necesario recurrir al castigo físico para educar a los hijos?
   1. No   2. Sí

21. ¿Usted ha sido violento con compañeros, amigos u otros fuera de su grupo familiar?
   1. No   2. Sí   ¿Con quién?

22. ¿Usted ha sido arrestado alguna vez?
   1. No   2. Sí   ¿Por qué motivo?

Concepto de salud

23. Últimamente usted se ha sentido afectado por:
   1. mucha tensión
   2. insomnio
   3. enfermedades cardiovasculares
   4. enfermedades digestivas
   5. disfunciones sexuales
   6. otro, ¿cuál?

24. ¿Alguna vez ha tenido:
   1. ideas de suicidio?
   2. intensa depresión?

25. ¿Tiene usted antecedentes personales de:
   1. desvanecimientos
   2. pérdida de conciencia
   3. epilepsia
   4. otras enfermedades neurológicas? ¿Cuáles?

26. ¿Qué actitud adopta usted cuando se siente enfermo?

27. ¿Alguna vez estuvo en tratamiento psicológico?
   1. No
   2. Sí   a) motivo
            b) tipo de terapia
   (individual – grupal – pareja – familiar)

Esfera laboral

28. ¿Ha cambiado frecuentemente de trabajo?
    1. No   2. Sí

29. ¿Soporta mucha tensión en su trabajo actual?
    1. No   2. Sí ¿Por qué?

30. ¿Estuvo alguna vez desocupado?
    1. No   2. Sí ¿Cuánto tiempo?

31. ¿Tiene dificultades en su desempeño laboral?
    1. No   2. Sí ¿Cuáles?

Redes sociales

32. ¿Pertenece a algún club, asociación, sociedad de fomento, cooperadora?
    1. No   2. Sí ¿Cuáles?

33. ¿Tiene amigos a los cuales frecuenta?
    1. No   2. Sí ¿Con qué frecuencia los ve?

34. Sus amigos son:
    1. exclusivamente suyos
    2. de todo el grupo familiar
    3. de la pareja

Roles genéricos

35. ¿Cuál es para usted el modelo ideal de mujer?

36. ¿Cuál es el modelo ideal de hombre?

37. ¿Cuáles de las características mencionadas cree que no ha alcanzado?

38. ¿Cuáles considera que no tiene su mujer?

39. ¿Cómo debe ser la relación de pareja?

Sexualidad

40. ¿Existe planificación familiar en su pareja?
    1. No   2. Sí
    a) ¿qué método usa?
    b) ¿por decisión de quién?

41. ¿Habitualmente quién inicia la relación sexual con su pareja?

42. ¿Se siente correspondido por su pareja en cuanto al deseo sexual?

43. ¿Cuando no es correspondido qué hace?

Sentimientos generados por episodios violentos

44. Describa cómo se siente después de los episodios de violencia.

45. ¿Tiene remordimientos o sensación de culpa?
    1. No   2. Sí

46. ¿Intenta ser perdonado?
    1. No   2. Sí ¿Cómo?

47. ¿Alguna vez ha intentado tener una relación sexual después de un episodio de violencia?
    1. No   2. Sí

Expectativas respecto al Servicio

48. ¿Qué ideas tiene respecto a un Servicio de Asistencia a hombres?

49. En su caso particular, ¿cuáles cree que son las causas del desencadenamiento de la violencia?

50. ¿Qué está dispuesto a hacer para modificarlas?

OBSERVACIONES:

BIBLIOTECA DE PSICOLOGIA, PSIQUIATRIA Y PSICOTERAPIA
(Últimos títulos publicados)

BIBLIOTECA DE PSICOLOGIA, PSIQUIATRIA Y PSICOTERAPIA
(Últimos títulos publicados)

180. J. Moizeszowicz - *Psicofarmacología psicodinámica IV*
181. L. Salvarezza (comp.) - *La vejez*
182. A. Ellis - *Una terapia breve más profunda y duradera*
183. M. D. Yapko - *Lo esencial de la hipnosis*
184. W. R. Miller y S. Rollnick - *La entrevista motivacional*
186. S. Rief - *Cómo tratar y enseñar al niño con problemas de atención e hiperactividad*
187. E. T. Gendlin - *El focusing en psicoterapia*
188. L. S. Greenberg y S. C. Paivio - *Trabajar con las emociones en psicoterapia*
189. E. H. Erickson - *El ciclo vital completado*
190. A. T. Beck, y otros - *Terapia cognitiva de las drogodependencias*
191. E. Joselevich (Comp.) - *Sindrome de deficit de atención con o sin hiperactividad (AD/HD)*
192. S. Heber (Comp.) - *Cáncer de mama*
193. H. Waisburg y otros - *Tratamiento psicopedagógico*
194. E. Kalina *Adicciones*
195. R. O. Benenzon - *Musicoterapia*
196. I. D. Yalom - *Psicoterapia existencial y terapia de grupo*
197. M. M. Casullo y D. Paez - *Cultura y alexitimia*
198. A. Bentovim - *Sistemas organizados por traumas*
199. R. D'alvia (comp.) - *El dolor. Un enfoque interdisciplinario.*
200. G. Rinaldi - *Prevención psicosomática del paciente prequirúrgico*
201. J., Freeman, D. Epston y D. Lobovitz - *Terapia narrativa para niños*
202. H. G. Procter (comp.) - *Escritos esenciales de Milton H. Erickson, volumen I. Hipnosis y psicología*
203. H. G. Procter (comp.) - *Escritos esenciales de Milton H. Erickson, volumen II*
204. B. F. Okun - *Ayudar de forma efectiva (Counselling). Técnicas de terapia y entrevista*
205. B. Maher (comp.) - *George A. Kelly. Psicología de los constructos personales. Textos escogidos*

Otro título de Paidós

Violencia familiar

Jorge Corsi
(compilador)

A partir de la investigación llevada a cabo en los últimos veinte años, la violencia familiar ha sido identificada como un grave problema social que hunde sus raíces en nuestra cultura y cuyas consecuencias se ramifican, afectando a amplios sectores de la población.

Entre los ejes temáticos posibles, los autores han seleccionado el de la violencia conyugal, por su impacto creciente en la conciencia comunitaria y por la necesidad de contar con recursos para generar respuestas psicológicas, sociales y políticas.

Violencia familiar es el producto del trabajo realizado durante los últimos años por quienes han participado en la Carrera de Especialización en Violencia Familiar de la Universidad de Buenos Aires. Si bien los autores son profesionales de la psicología, el trabajo social, la medicina o el derecho, el lector podrá encontrar un lenguaje común que resulta indispensable para la construcción de lo interdisciplinario, eje fundamental para el trabajo en el campo de la violencia familiar.